엄마가 알려주는 아이의 말공부

这样教，让孩子赢在表达力

〔韩〕林英珠 著　吴荣华 译

江苏凤凰文艺出版社
JIANGSU PHOENIX LITERATURE AND ART PUBLISHING

图书在版编目（CIP）数据
这样教，让孩子赢在表达力 /（韩）林英珠著 ；吴荣华译. -- 南京 ：江苏凤凰文艺出版社，2025. 5.
ISBN 978-7-5594-9004-9
Ⅰ. G78
中国国家版本馆CIP数据核字第2025SE1671号

这样教，让孩子赢在表达力

（韩）林英珠著； 吴荣华译

出　　品　记忆坊文化
责任编辑　耿少萍
特约编辑　张才曰
封面设计　小贾设计
责任印制　杨　丹
出版发行　江苏凤凰文艺出版社
　　　　　南京市中央路 165 号，邮编：210009
网　　址　http://www.jswenyi.com
印　　刷　北京中科印刷有限公司
开　　本　880mm × 1230mm 1/32
印　　张　8
字　　数　178 千字
版　　次　2025 年 5 月第 1 版
印　　次　2025 年 5 月第 1 次印刷
书　　号　ISBN 978-7-5594-9004-9
定　　价　52.00 元

江苏凤凰文艺版图书凡印刷、装订错误，可向出版社调换，联系电话 025-83280257

序言

十岁前学好说话，让孩子无所畏惧

我希望我的孩子无论在哪里都能受到他人的喜爱。我希望我的孩子在幼儿园和学校能够受到朋友、老师、大人的喜爱。孩子在成长过程中会结识成百上千的人，也会遇到被冤枉、愤怒的事情，在这个过程中我希望我的孩子不是成为受人欺负的孩子，而是成为可以自我保护、敢于为自己辩解的孩子。我希望我的孩子遇事不要冲动，而是不失礼节、不失时机地选择“哦，对不起”“可实际上这件事是……”等语言，成为一个既能勇于承认错误又能有勇有智、有理有据地为自己辩解的孩子。

我的孩子是否在孩子群里备受冷落，我的孩子是否时常被同伴排斥，可迫于无奈还跟在他们的屁股后面，同伴们对待我孩子的行为是不是过分，老师是不是对我的孩子不够亲切……这是所有父母的心病。

即使真的有这样的事情发生，当父母的也不可能找每一个孩子劝说：“同学之间要和睦相处，不要冷落我的孩子，不要欺负我的孩子。”也不可能找班主任老师直言：“我的孩子生性敏感、软弱，烦请老师对他说话尽量柔和一些。”

孩子在外面免不了遇到他人的拒绝，也难免遇到尴尬得无地自容的境况，可我们父母不可能每每都出面为孩子解围。孩子早晚要离开父母走上自己的人生路。在这个人生路上孩子要遇到各种人和事，要品尝来自人生路上的种种酸甜苦辣，这些都需要靠孩子自己来解决。

提高孩子口头表达能力的重要性

从现在开始，父母要发挥一个非常重要的作用，那就是细致、具体地教孩子学会准确的口头表达方式，帮助孩子树立正确的人生观。当孩子能够控制好自己的感情，面对突发事情或出言不逊的人表现出镇定自若的态度和反应时，孩子的人生就会变得更加坦荡、幸福。

“他为什么对我这样？”

“他为什么要歧视我？”

“老师为什么总是责怪我一个人？”

“朋友们好像都不喜欢我。”

“啊，冤死了，这也不是我一个人做的事情……”

当孩子们感到冤枉、尴尬、慌张、羞愧、受伤的时候，他们的自尊心和自信感便一落千丈。当孩子好不容易鼓起勇气向父母说出实情时，父母反而感到自己比孩子更冤枉、更羞愧、更困惑、更恼火，继而劈头盖脸地责骂孩子。

“你哑巴了？你就不能当面说他们？”

“你的嘴是干什么用的？人家欺负你你就不能回顶两句？你傻呀？”

“你就不能为自己辩解？愁死人！”

“遇到那种情况你就不敢说一句？”

“在外面受气回到家里跟妈妈嚷嚷？唉，窝囊死了！”

“同伴们那样对待你，你就逆来顺受？”

“什么？老师就责怪你一个人？”

父母没完没了地数落孩子，孩子备受来自父母的煎熬。至此，我们已经看清了培养孩子口头表达能力的重要性。情况虽然相似，可根据孩子应对方法的不同，父母的一句话可以使孩子转危为安，也可以使孩子错上加错。我们应该认真倾听孩子的讲述，然后告诉他在那样的场合下应该用什么样的语言来为自己辩解。

如何让孩子有效地保护自己，如何让孩子过上充满智慧和幸福的生活，这本《这样教，让孩子赢在表达力》一书将为您提供满意的答案。人言可畏，语言既可以伤人又可以伤己。为了避免因语言而产生的各种误会，我们有必要修炼自身的口才内功。想让自己的孩子在外面成为深受同伴、老师和大人喜爱的孩子，首先要让孩子养成端正态度侧耳倾听对方发言的习惯，同时还要让孩子多向对方讲讲充满爱心的话语。在撰写这本书的时候我不禁懊悔：“我为什么不早点写这本书，为什么没有在我的孩子成年之前写这本书？”

人们都向往既不误解他人也不委屈自己的安稳的生活环境。所有的父母都在期盼自己的孩子用正面的目光看待他人和世界，期盼孩子拥有“世界总是站在我这边”的自信心。将耗费在“埋怨”“伤心”上的负能量转换到“快乐”“幸福”的正能量上，这也是提高孩子口语表达能力的目标之一。

自爱者方能为人所爱

撰写这本书的时候我最常想起的一句话就是“自爱者方能为人所爱”。这句话的意思是“只有自尊自爱的人才能赢得别人的尊重”。这就要求我们的孩子不要“恶语伤人六月寒”，而要学会“良言一句三冬暖”。

做错事能够即刻反省的孩子，遇到尴尬委屈的事情不急着争辩或埋怨，反而把握时机采取恰当措施的孩子，这样的孩子最容易在班里几十名孩子中被老师看中。

尽管老师对学生的爱是平等的，可不免有个别孩子特别吸引老师的目光。老师对我的孩子投以什么样的目光呢？这全靠孩子本身对待老师的目光和态度。备受他人温暖目光的孩子，其自尊心和自信感也会比别的孩子要强得多。不仅如此，这样的孩子在自身价值、能力、效率等方面持有优越感，因此，其幸福度也比别的孩子要高得多。当孩子们得到同伴或周围人的认同和喜爱的时候，他们就更能确切地构思自己与生俱来的人生蓝图。

你的孩子平时喜欢说什么样的口语呢？

你的孩子平时以什么样的态度与人对话？

你的孩子平时经常说积极向上的话语吗？

你的孩子平时是不是经常用消极的口气说话？

你的孩子交朋友是不是先看朋友的长处？

你的孩子谈论朋友是不是专挑朋友的短处？

你的孩子提及别人的时候是不是专说人家的好话？

你的孩子犯了错误是不是总想找借口推脱？

你的孩子遇事能否先接受然后再有条有理地去分析？

我们必须教孩子学会主动争得他人的认同，学会主动争得他人尊重的方法。如果想提升孩子的自尊心，就让孩子经常说说自我提升自尊心的语言。当孩子有求于老师的时候该如何向老师求助，当朋友之间产生误会的时候该如何解除误会，当孩子向对方提出质疑的时候该采取什么样的态度，这些都是我们需要教给孩子提高口语表达能力的课题。口语还包括说话的态度、表情、语气、用词、语速等。

如此重要且细致的表达能力培养课该由谁来担任呢？能够用最好的方法提高孩子口语表达能力的人又是谁呢？当孩子不知说什么话而感到困惑的时候；当孩子蒙受冤屈而感到伤心的时候；当孩子因某种尴尬的事情而有意回避朋友的时候……此时此地，能够认真倾听孩子的心声并与孩子产生共鸣的人，除了孩子的父母还会有谁呢？

凡是身边有一个精神依托的人，不管遇到什么样的艰难险阻都不会轻易崩溃。父母是孩子最可靠的精神依托。口语表达能力可以说是决定孩子一生幸福的重要因素，如果像父母这样最可靠的精神依托人担负起培养孩子口语表达能力的重任，对孩子来说应该是人生的一件幸事。

提高孩子口语表达能力的时间一般限定在十岁之前。因此建议父母们在你的孩子十岁之前务必培养他们的口语表达能力。培养口语表达能力首先要养成认真倾听对方说话的习惯。正因为如此，只有能够认真倾听孩子心声的父母，才有资格担负起培养孩子口语表达能力的重任。只要父母用天生的爱心去培养，不用刻意强迫，孩子的口语表达能力也会无意间发生变化。

这本书是为所有力争提高孩子口语表达能力的父母而撰写的。书里以亲切的语言详细介绍了能够倾听孩子心声的方法，介绍了因时制宜地提升孩子口语能力的方法。这本书还可以使父母在培养孩子口才的同时，自身也养成良好的口语表达习惯。最后还要劝告父母们，当你合上这本书的时候不妨做一个这样的想象：

“如果我的孩子一生都以这样的口语表达能力来待人处事，那还有什么可操心的呢？无论他走到哪里，做父母的都可以高枕无忧，放一百个心。”

CONTENTS 目录

第二章 在朋友间受欢迎的孩子的表达力 049

第三章 备受老师和大人喜爱的孩子的表达力 107

第四章　能够提升孩子自尊心的表达力　157

第五章　说话有条有理的秘诀　201

第一章

通过说话
改变孩子的未来

01 很会说话的孩子一定有一个善于倾听的妈妈

晶晶是个表达能力十分出众的女孩子，说话、演讲、写作样样优秀。这天晶晶来到闺密小慧家玩。

“您好，我是小慧的朋友晶晶。”

“妈，她就是我的好朋友晶晶！”

晶晶礼貌地向小慧妈妈打声招呼，然后走进小慧的房间开始与闺密度过愉快的时间。突然晶晶想起发生在学校的一件有趣的事情。

“哈哈哈，真是笑死人。”

“可不是嘛！当时老师也一定慌了神。这么有趣的事我还没有告诉妈妈呢！”

今天因为有一个同学在课堂上大声说了一句梦话，引发了全班同学哄堂大笑。小慧才想起这件事，急忙起身一溜小跑来到厨房告诉妈妈。

“妈妈，你知道今天学校发生什么事儿了吗？”

“妈妈怎么会知道。”

“上课的时候金志成同学说了一句梦话，那声音简直像嚎叫一样，嘻嘻！！！”

“是吗？”

“当时老师也吓了一跳，老师惊慌的样子实在好笑，我们大家忍不住都笑起来了。妈妈，我没跟你说过金志成是谁吧？他是我们班男生，平时就爱搞笑，还那么顽皮。”

“好啦好啦，妈妈知道了。别在这里跟妈妈啰唆，还是回你的房间跟晶晶玩吧。”

“怎么啦妈妈，我的话还没说完呢！”

“不是说叫金志成的同学在课堂上说了一句梦话吗？妈妈都听见了。”

“咳，妈妈真讨厌。”

“怎么跟妈妈说话呢？跟妈妈说话这么不礼貌，你的闺密听见了该怎么说妈妈？”

似乎因为妈妈的反应伤了自尊，小慧回到房里哐地关上房门，气呼呼地对晶晶说：

“我妈跟我说话总是这个样子。我说什么她都不感兴趣，就是听了也爱答不理的。跟妈妈聊天真没有意思！”

“小慧，别这样。我们一起看看优兔好吗？哦，对啦，下周银善过生日，想好买什么礼物没有？”

晶晶转移话题安慰小慧不快的心情。

晶晶在闺密家里度过愉快的时间后回到了家里。一想起小慧对妈妈生气的样子，晶晶不禁为自己的妈妈感到骄傲。

“妈妈，我谢谢你总是那么认真听我说的每一句话。”

“噢，是吗？我的宝贝，你今天怎么啦？听了你的这句话，妈妈感动得快要掉眼泪了。”

“今天我上小慧家去玩，小慧向她的妈妈讲了学校里发生的有趣的事情，可小慧妈妈却没有听完就打断了小慧的话。也许小慧妈妈在厨房正忙着干活没时间听小慧讲的故事。回到房间小慧哐的一声关上了房门。看得出小慧对妈妈的态度很不满意。她还说每次跟妈妈说话，妈妈总是爱答不理地应付自己，所以自己很不愿意跟妈妈聊天。可妈妈却跟小慧妈妈不一样，不管什么时候都认真听我说的每一句话。在我的印象里我说话的时候妈妈好像从来没有打断过，也从来没有说过‘少啰唆’之类的话。放学回家跟妈妈聊聊一天的生活，对我来说是最愉快的事情。所以，放学回家的时候心里总是想着跟妈妈聊天的话题。如果妈妈也像小慧妈妈那样不爱听女儿说的话，我也会感到伤心的。”

“噢，原来是这么一回事呀。看样子今天小慧妈妈家务活实在是太忙了。妈妈每天最想知道的是我的晶晶都做了些什么，都想了些什么，心情怎么样。不用妈妈一一追问，晶晶也能一五一十地告诉妈妈，因此，妈妈也很感激你，也很高兴。我看我的晶晶具有口语表达天赋，我的晶晶讲的话听起来很有趣。每每听到我的晶晶讲的故事，妈妈心里不知有多幸福。你说感谢妈妈，妈妈也感谢晶晶。我的晶晶，跟妈妈讲讲今天发生的有趣的事情好吗？”

“好的。今天呀，我们班里……”

和往日一样，今天晶晶也向妈妈讲述了发生在学校的有趣的事情，度过了愉快的时间。晶晶在家里是有名的“话匣子”。整天在妈妈身边叽叽喳喳说个没完，这是晶晶每天要做的重要的事情。如此“话痨”的女儿身边竟然还有侧耳倾听的妈妈。有了妈妈的侧耳倾听，晶晶的表达能力犹如雨后生长的竹笋不断得到提高。

父母指南

人们常说“能说会道的妈妈会培养孩子的口语表达能力和社会交际能力”。我们知道父母经常与子女对话有助于培养孩子的口头语表达能力，可并不是所有的妈妈都喜欢与孩子经常对话。很多妈妈都想通过对话了解孩子的日常生活，也想与孩子进行经常性的语言交流，可对于一些平时不善言辞的妈妈来说，她们觉得与自己的孩子对话是一种负担。不少职场妈妈甚至将与孩子的对话当成额外的“加班”。

如果妈妈和孩子都喜欢面对面地进行轻松愉快的对话，那么既能提高孩子的表达能力，又能了解孩子的日常生活，还可以增强母子之间的亲切感，这是再好不过的事情。然而也有一些不善言辞的妈妈不怎么喜欢与孩子对话，偶尔与孩子说两句话也显得十分勉强。如果你属于这一类的妈妈也不用担心，只要你以轻松的心态倾听孩子讲的话并给予适当的回应，你在孩子的心中目仍显得十分亲切。

如果你把母子间的对话当作一种负担，与孩子进行虚假、空洞的聊天，那就立刻停止这种对话。与孩子对话一定要把虚假的东西放回肚子里，把肚子里的最真实的东西掏出来说给孩子听。只要你关注孩子，认真倾听孩子讲的话，仅这一点也能使你的孩子成长为能言善道、表达能力出众的孩子。哪怕你随声附和也可以。

"怎么会发生那样的事情？"

"当时你该多么伤心呀？"

"当时高兴坏了吧？"

"今天演讲会上讲得很成功吧？"

"噢……原来是这样！"

只要让孩子感知"妈妈正在听我的话"，仅这种随声附和也会使孩子感到心满意足。当然，随声附和也要讲究态度，如果你看也不看孩子一眼，心不在焉地"嗯……啊……"一声，这种随声附和对孩子不会有什么帮助。要注意，孩子说话时必须要用亲切的目光望着孩子，在孩子说过的言语中找一个适当的词语与孩子共享、互动。一个简单的眼神、一个简单的言辞也都可以成为提升孩子自尊心的对话方法。

如果孩子在你忙得不可开交的时候跟你说话，那么你可以不停下手中的活儿只是倾听孩子讲的话。当然中间看几眼孩子则更好。

尽管没几句回应，孩子也知道妈妈在百忙当中仍然倾听自己的话。

不利于孩子成长的负面语言

“住嘴，少废话！”

“我都知道了，你少说两句！”

“你咋这么多嘴？”

“你话这么多，活该老师天天说你！”

“妈妈累了，别再吵吵！”

“没看见妈妈正忙吗？忙完再说！”

有利于提高孩子表达能力的正面语言

“你讲得真有趣！”

“告诉妈妈今天都发生了什么有趣的事情？”

“看你的笑脸，妈妈就能知道今天又是愉快的一天！”

“原来发生了那样的事情呀，伤心坏了吧！”

“谢谢你能把心里话说给妈妈听！”

02

成为表达高手的“反应式对话法”

幼儿和小学低年级的学生由于只知道以自我为中心、缺乏对他人的理解能力，因此要把他们培养成倾听高手并不是一件容易的事情。但是，父母为他们做出良好的榜样并对他们倾注关心，这是完全可以做得到的事情。如果我们的孩子成为倾听高手，那么他就会变成人人都想亲近的好孩子。

妈妈：你喜欢跟什么样的人对话？

孩子：倾听我说话的人。

妈妈：你怎么知道人家在倾听你说的话？

孩子：只要像妈妈一样爱听我的话并做出相应反应，我想他们都是倾听我的话的人。

妈妈：没错。真正的对话高手与其说是能言善辩，不如说是侧耳倾听别人的话。人们都愿意与这样的人对话。

现在让我们一起来给孩子们传授一下使我们的孩子成为对话高手的方法。

1.给朋友传递信息

与朋友对话，先说自己想说的话，待到朋友开始说话的时候便进一步靠近朋友，发出“朋友，我已经做好了侧耳倾听你的话的准备”的信号。

2.把视线集中在朋友身上

朋友说话的时候不可以看别的地方，更不可以四周张望，要把视线集中在朋友的眼睛上。

3.时而点头时而相视，以做出同感或交流的反应

朋友说话时时而点点头，做出“是吗”“原来是这样”的反应，这样可以为朋友营造更加轻松的对话氛围。通过做出适当的反应或助兴加强与朋友的沟通。

4.提问

在朋友说话时心里记住自己听不懂的部分，待到朋友说完不妨

提问“你刚才说的那句话我有点听不明白”。这样的提问可以使对话氛围更加活跃。

5.对话结束语

“跟你聊天心里非常愉快。”

现在随意插嘴、抢在人家之前说话的孩子越来越多，相反，边倾听朋友的话边做出适当反应的孩子比我们想象中的要少得多。这是因为他们尚未在幼儿园或学校接受过这方面的系统教育。倾听、共鸣、反应是对话最基本的前提。

我们有必要教孩子学会“别人说话时做出适当反应的方法”。越是仔细地教孩子学会反应、共鸣、附和，孩子的未来就会越光明、越幸福。因为这样做可以使他们更明智地处理各种人际关系。

父母指南

说实话，在对话中，能引发准确的共鸣或能做出正确的反应并不是一件容易的事情。这就要求我们掌握适当的反应时机和合适的回应词语的能力。不会倾听的孩子、不会做出反应的孩子、像沙悟净那样做出莫名其妙的反应的孩子都是对话中需要回避的对象。在与人的对话中做出适当的反应，并不是一件容易的事情。下面举一个例子看看。

有一个孩子在幼儿园门廊流着眼泪。看到鞋也不脱坐在地上流眼泪的孩子，朋友妈妈用恻隐的口吻说“离开妈妈，看来伤心得很”，不料孩子却说：

“我不是伤心，我就是想流眼泪！”

本来马上要止住眼泪，可是听到这个陌生的阿姨的一句“看来伤心得很”，孩子便觉得很丢脸，继而对阿姨产生了反感。“看来”一词作为诱发共鸣的语言，我们经常使用，可使用不当就会产生负面作用。孩子对阿姨产生反感，是因为阿姨试图以“看来哭泣的原因就是伤心”的推断公式来与孩子产生共鸣。由此可见，即使是大人想跟对方产生共鸣也不是一件容易的事情。

孩子对他人的理解能力很低，再加上口语表达能力尚未成熟（有时表达的内容与本意恰好相反），与他人对话容易产生误会。如果我们的孩子能够准确表达自己的意思，能够倾听对方说的话，与人对话时能够做出适当的反应，从而给朋友们留下“跟他说话感觉豁然开朗，痛快得很”的印象，那么，你就不用为孩子的朋友关系操心了。因为谁都喜欢语言上能够沟通的人。

有些人在对话的时候特别能适时做出反应。对话时我们常见这两种人，一种是以“妈呀，原来是那样？”“天呀，高兴坏了吧？”的语言做出积极反应，一种是似听非听毫无反应的人。如果叫我们从两者当中选择一个，那么我们会毫不犹豫地选择前者的。因为前者是能让对方越说越兴奋的人。

也有一些反应过度、态度夸张的人，这些人容易给人以虚情假意的不良印象。有时认真倾听，有时点几下头，有时用简短的共鸣语言予以安慰，这些都属于对话中的正确的反应方法。对话中的反应方法是多种多样的。

我们的孩子在对话中采用哪些方法呢？我们大人在与他人对话时也不容易做出适当的反应。虽然知道对话中倾听、共鸣的重要性，但由于没有系统地掌握反应方法，因此很多人只会做出习惯性的反应。我们必须教育孩子从小学会良好的反应方法。应该说，“反应”是比“口语”更重要的表达能力。

外向型的人在听别人说话时做出的反应大体上都是积极的。如果有些孩子是内向型的从而表达能力不尽如人意，那么这些孩子的父母应该致力于用“以反应代替表达”的方式来教育孩子。如果做好了“以反应代替表达”，那么你们的孩子照样可以成为人气倍增、帅气十足的孩子。

还有，当孩子不分场合乱插嘴或做出过分反应的时候，要教他做出适当反应的方法。这种教育可以使孩子从小养成良好的对话习惯。

如果你常劝孩子说“朋友说话的时候，你应该要仔细倾听”，那么你绝对是称职的父母。提高孩子的表达能力，不仅仅是教你的孩子比其他孩子更会说话，还要让孩子学会比别的孩子更能倾听别人说话。

孩子的语言技巧

1.反应+关键词反馈

①与孩子做一下不同场合下做出适当反应的练习

与孩子设定一个场合，让孩子讲讲与朋友对话时的情景。例如，当一个朋友说“你知道我昨天收到了一件生日礼物吗？是XX品牌的，可贵了！”的时候，孩子应该做出什么样的反应呢？

“如果你说‘你又在炫耀’，对方认为这是一种什么样的反应呢？”

“这是出于妒忌的反应，对方会瞧不起我的。”

“收到生日礼物的孩子不会开心的。”

“如果你说‘听说你昨天收到了XX品牌的生日礼物’，那么对方会做出什么样的反应呢？”

“对方一定会很开心，愿意继续跟我聊下去的。”

“当你向朋友炫耀某种东西的时候，朋友做出什么样的反应才能让你高兴呢？”

“希望朋友跟我一起高兴。这样我会十分开心，往后也会更喜欢那个朋友的。因为她是了解我心情的朋友。”

②给孩子举几个应对反应的例子

“向对方做出与对方的行为或说话相似的反应。比如，朋友边拍手边喊‘我真的很开心’，那么你也跟着朋友一起边拍手边喊‘真羡慕你’。”

“如果朋友说‘刚才被老师批评，心情不太好。虽然我错在先，可心里还是难过’，那么你就附和着说一句‘是啊，换成我也会很难过的’，即在对方的语言中寻找关键词向对方做出相应的反应。”

2.积极呼应助兴，鼓励对方继续说下去

关注对方说的话，积极呼应助兴，使对方继续说下去。

朋友：打开包装一看，哇，那礼物比我想象的还要精致！

孩子：哦，是吗？精致到什么程度？

这种反应叫作“助兴反应”，插话不能比对方的话长，更重要的是要使用“惊讶、同乐、想听下文”的语气和表情。

3.对话结束语

告诉孩子对话结束语也很重要。经常与孩子交流各

种结束语，让孩子从中挑选能使对方听起来很开心的结束语。

“今天听了你的一席话，我的心情非常愉快。”

“跟你聊天我觉得很开心。”

如果孩子说自己与朋友的对话很有意思，很开心，那么，父母就不用为孩子的朋友关系和社会交际能力而担忧。

03
强势、声音大的人不能占上风的理由

“实话实说”“信口开河”“辣妹”“想啥说啥”“毒舌”“强势姐姐”等，都是在综艺节目和娱乐节目中的常见用语。在电视上口若悬河的主播也往往得到“心直口快”“直言无隐”的赞誉。主播精湛的口才艺术大大提升了他在观众心目中的人气度。有名的综艺节目播出之后，人们往往对该节目品头论足，谈论节目中有趣的情节。小学里也不例外。

“XX主播说话确实很直率，大家说她是强势姐姐，那真是名副其实。”

“可我觉得她说话有点太尖刻呀。”

"说话尖刻恰好说明她是一个直率的人!"

"可是,说话过于尖刻很有可能伤害别人呀。也有一些人想劝告她说话收敛一点儿,可就是怕受到她尖刻的语言攻击而不敢劝告。"

"这恰恰证明她是一个很强势的主播,也是她的魅力所在。"

"如果说话只考虑一吐为快而不考虑别人的感受,自己心里倒是痛快,可听话的人有可能感觉不适。"

"强势"的意义

我很好奇被小学生们称为"强势姐姐"的女主播。"强势"意味着什么呢?孩子们嘴里的"魅力"又是什么呢?最近,有很多人给"强势"一词赋予了肯定的意义。正因为如此,有不少人对那些喜欢忍让、体贴别人的人说:"说话能不能直率一点儿?""说话有必要那么拐弯抹角吗?"

如果我们的孩子错误地接受这种观点是不是会变得很危险呢?是的,如果接受这种观点,孩子们就会错误地认为口无遮拦、信口开河就是直率。这是一个完全错误的观念。如果我们的社会把那些不考虑他人的感受而胡言乱语的人看作"直率""强势"的人,那么父母们对自己孩子的教育肯定会是这样的。

"别考虑别人怎么想,你只管说你想说的话。"

这是一种与体贴他人相去甚远的教育方式。有些父母甚至会说"千万不要挨打,记住先下手为强,被人打就别回家,直到打赢为止"。如果我们的父母教育自己的孩子要求说话口无遮拦、要求处处表现强势,那么我们的社会就会变得非常危险。如果所有的孩子平时与他人对话都盛气凌人，处处恃强凌弱，这样的社会能好到哪里去呢？

如果我们的孩子受到恶言恶语的伤害而不愿意与人接触，社会也因此变得冷漠充满不信任感，那么这个责任该由谁来承担呢？我们的父母一定要告诉孩子们“强势的人”“声音大的人”为什么不能得势。我们的孩子目前处于“童言无忌”的阶段，越是在这样的时候就越要教孩子学会说良言善语和体贴他人的软语温言。如果我们的父母怕孩子在外面受欺负而一味地教导孩子“该说就说”，那么我们的孩子会因语言负担而受到更大的伤害。

父母指南

“直率”一词在词典里的定义是“直接痛快，言行坦率、爽快”。“直率”并不是我们常说的“直来直去”“想啥说啥”，人们在很多场合下将“直率”和“随便说话”混为一谈。如果我们的父母给孩子传授这种扭曲的观念，那么将会导致无可挽回的后果。如果孩子们以直率为由胡言乱语或恶语中伤，那么吃亏的只能是谨言慎语、说话时考虑对方感受的那些孩子。如果我们的孩子过于直率，那么一定要告诉他切勿相信“嗓门大就有理”的荒唐逻辑。

如果我们的孩子属于过于直率型怎么办

“别忘了跟朋友对话的时候首先要考虑对方该如何理解你说话

的内容。”

“为什么说双方意见不合时提高嗓门争吵是一种最糟糕的方法呢？”

现在是大部分父母只生一个孩子的时代，于是在父母的极度恩宠下，孩子往往把心里想说的话不假思索地说出来。当然这与有话也不敢说的孩子们相比算是十分幸运的。然而，如果把一些性格粗暴的孩子无理打断或压制我们孩子说话的行为说成是率直的话，那么将来我们的孩子生活的社会环境将会变成弱肉强食的逻辑横行的野蛮世界。怕输给朋友，怕受到伤害，我们的父母往往以“强势”“大嗓门”的错误方式引导孩子在社会上站住脚，殊不知这种教育方式正在把自己的孩子推向危险的境地。

我们必须教孩子们学会面对那些说话强势、大嗓门的孩子应该采取的对话方式。因为我们的孩子在日常生活中必定会碰到那一类的人。要让孩子们掌握抵御对方语言攻击的防身技巧。

当有朋友不假思索地说出几句使孩子尴尬甚至受到伤害的语言，我们就应该教孩子果断地撑一句“难道你只会说这种话”，说完就立刻中止与那个朋友的对话。

还有，要多与孩子谈谈有关“不假思索的语言”和“深思熟虑的语言”方面的话题。人类是这个世界上唯一的语言动物，只有遵守语言品格并用高尚的语言进行沟通才能使我们的社会变得安宁。语言承载着每个人的情感和思想，语言又是“语义”和“语音”的结合体，因此，“不假思索地说话”意味着话语里没有什么“语义”，因此不能算作“语言”，充其量也不过是“语音”而已。

父母之间日常对话时，也要注意不要盲目羡慕那些恃强凌弱、毫无顾忌的人，更不要盲目赞赏那些人。

孩子们三岁之前的生活基本上都是任性或随性的，三岁以后便开始在父母的教育和训诫下养成能够与人共处的社会性格。到了小学高年级就开始掌握逻辑和因果关系并以此来判断事物的是非曲直。

我们常听到这样一句话："我生来就是这个样子。"这是一句很不理性的语言，是一种"我行我素，任性生活"的不负责任的态度，也是不学无术碌碌无为的人经常挂在嘴边的暴力性语言。到了小学高年级的年龄，即使是一个"刺头"或充满私欲的学生也应该懂得这样做是不行的。如果我们的孩子已经到了小学高年级的年龄，那么请父母们务必要告诉他们不要说"我生来就是这个样子"之类的话。要经常与孩子谈心，告诉他们这类语言的危害性，告诉他们为什么强势的人、声音大的人不能占上风。

"'嗓门大就能占上风'这是一句错误的认识。你听说过'贼喊捉贼'这个成语吧？就是做贼的人反而喊抓贼，试图诬陷好人趁机逃脱。对话中用大嗓门强词夺理的人大多想以声音大占上风，这是胆怯的人使用的卑鄙懦弱的手法，我们千万不能学他们。"

在孩子的认知层面上循循善诱的方法

"有一句歇后语叫作'猪八戒爬墙头——倒打一耙'，意思是自己做错事不仅不接受对方的指责反而指责对方。有些人为了掩盖自己尴尬的处境或自己的错误行为反而以大嗓门强势指责无辜的对方，这是非常不好的习惯，我们千万不能学他们。"

孩子的语言技巧

①当你生气或自己的想法未能被对方认可的时候

先不要说“我生来就是这个样子”，要深思熟虑之后再说话。

“我生来就是这个样子！”（×）

“直率和任性还是有区别的！”

“我的一句直率的语言有可能伤害一个人！”

“越生气或越不利的时候就越要再三思考之后说话！”

“让我再想想后说话好吗？”

“你先说完吧，听完你的话我再想一想。”

②当朋友说“我生来就是这个样子”的时候

如果那个朋友是能够与你沟通的人

“如果因为你那种生来的习性而有人受到伤害或陷入尴尬的处境，即使生性那样也不能说得温柔一点儿吗？”

不想继续对话的时候

“哦，是吗？”

③难以接受朋友意见的时候

“我可不那么想！”（×）

“你在说什么呀！”（×）

“是吗，原来你是这样想的！”（√）

“也许你的想法是对的。可我是这样想的。”（√）

④当朋友指责你“不要拐弯抹角”的时候

“是的，我也可以直言不讳地说，但为了对方的情绪我更喜欢想好了以后再说话，而且说得婉转一些。”

⑤跟那些把胡言乱语的人看成是“强势的人”“有气场的人”的朋友对话的时候

朋友：“最近越是强势越占上风！”

“那当然，谁的嗓门大谁就占上风嘛！”

孩子：（用心平气和的口气）“我觉得嗓门大并不是沟通的好办法。我觉得不是强势的人占上风，而是占上风的人变得强势。用温柔婉转的口气也完全能够表达自己的意思。”

“原来你是这么想的？可我觉得用粗话脏话大嗓门说话有损于自己的形象，而且说完以后心情也不太好。所以我正在努力用温柔婉转的语言来与朋友们对话。”

04 要刻意培养孩子的幽默感

小俊放学回来一脸漠然地对妈妈说：

“妈妈，孩子们说是脑筋急转弯，可说的都是些不靠谱的话，我觉得真幼稚。他们说‘马在树下照相就是数码相机’，这都哪跟哪呀！”

“哦，树和马合起来就是数码（树马），说得好，这是个脑筋急转弯呀。”

“你也觉得好笑？说美国下冰雹，所以美国国名的缩写是‘USB’（美国缩写是USA，而冰雹拼音第一个字母是B，因此，将美国下冰雹说成USB，即通用串行总线接口）；说世界上最大的国家是‘加拿大’。这里哪有什么笑点呀？”

“呵呵，真有意思。他们真能想出来！”

“妈妈你还觉得有意思？没想到妈妈也这么幼稚……”

“你呀你呀，笑话就是笑话，只是逗人笑笑而已。说笑话跟幼稚有什么关系？”

听到妈妈的回话，小俊心里有些不服气。此时，妈妈心里也泛起了涟漪：儿子遇事刨根问底的习惯会给朋友们烙下什么样的印象？妈妈不由自主地想起自己年轻的时候，与那些随意开玩笑的朋友较真儿的情景。

“小俊，你应该知道即使你觉得没意思，可对别的人来说是一句趣谈。我们不能因为朋友的笑点跟你不一样而说他们幼稚。”

“这明显就是幼稚嘛。我跟他们说你们的这些笑话一点儿也不好笑，结果他们反倒说我是‘杠精’。你说他们是不是幼稚？”

“你只说过那一句话？”

“是啊，我说了一点儿也不好笑，还说你们很幼稚。我也不想知道世界上最大的国家是哪一个。我真想不通，有些人闲着没事干居然搞出什么脑筋急转弯之类的东西！”

听着儿子讲的话，妈妈渐渐思绪万千。现在儿子还是个小学生，这是个与朋友之间无拘无束地嬉戏打闹的年龄，孩子们也通过这种方式增进同学友情，可这个时候儿子对朋友们的玩笑或幽默横挑鼻子竖挑眼，会使朋友关系闹得紧张，朋友圈也会变得越来越小。人们都喜欢呼应自己、附和自己、给自己的话做出反应的人。小俊要想得到朋友们的喜欢，必须提高口语表达能力。

对对方说的话，既能做出逻辑反应也能做出感觉反应，既能以笑声应对也能以惋惜的叹息声回应，适时做出相应的反应叫作“语言感觉”。只有提升自己的语言感觉，才能以宽容的态度看待这个社会，也才能圆满地处理各种关系。幽默也是一种语言艺术，喜欢幽默并能够接受他人的幽默，这样的孩子肯定会具备较高的语言表达能力，也会拥有较广的人际关系。

“脑筋急转弯（nonsense quiz）”英语原意是“荒谬的智力游戏”，是用牛头不对马嘴的问答来搞笑的一种幽默语。对此，既有一笑了之的人，也有钻牛角尖刨根问底的人。

看看我们的孩子听到下面的脑筋急转弯问题时会做出什么样的反应。

Q：汽车右转弯时哪个轮胎不转？

A：备用胎。

如果是小俊，肯定会说“你也没说清楚是行驶中的轮胎还是后备厢里的轮胎”。然而，对小俊的回答不要反驳“你干吗总是钻牛角尖呢？多么有趣的题呀！”，因为你这样反驳，孩子会变得更加古板。对于这种问题，大人只会一笑而过，但孩子会刨根问底。孩子都是单纯的，他们很多场合下只知道原则，说话古板应该说是孩子的天性。

对于如此古板的孩子，大人可以理解并能够包容，可同龄孩子有可能视其为倔脾气、不合群的孩子。这样的孩子很容易被同伴戏称“杠精”，也常被说“你不要这么较真儿好不好”。

笑脸应和对方说话的人往往给人以阳光、善良的感觉，相反，对对方说的每一句话刨根问底、搬弄是非的人，由于他的言辞过于尖锐、充满批判性，因此往往给人以无法交流的感觉。通过语言感觉快速接受对方说话的内容并跟对方一起笑、一起乐，事实上这是一种巨大的“能力”。这就是幽默感能够拓宽孩子的世界的理由。

会说话的孩子，具备语言感觉的孩子

看美剧或外国电影，很多场面我们会发出感叹：“在那样危急的情况下还能说出如此机智幽默的话。”应该说，这是他们在日常生活中领悟到的语言习惯。

说同样的话，有人说得风趣幽默，这样的人往往给人以自信、从容的印象。过去是那些沉默寡言的人以矜持稳重的形象受到人们的欢迎，可现在是说话幽默风趣的人受欢迎。于是就连政客和主播为了拉近与民众或观众之间的距离都尽量发挥自己的幽默感。大人演讲中，幽默和风趣成了重要因素。

以前，幽默感被认为是一个人与生俱来的天赋，因此在对话当中“可有可无”，如今幽默已成为语言艺术不可缺少的要素，有必要刻意去努力和发挥。如果没有天赋的幽默感就得有意培养起来。目前在我们的社会，幽默还没有形成人人都讲的语言文化，因此，孩子学习幽默、体会幽默的场所只有家庭这个小圈子。这就需要由我们父母来承担教孩子幽默的重任。幽默是语言感觉中的最高感觉。

“他说话很感性”“他说话很有韵味，给人以十分细腻的感受”，如果有人对你说的话给予这样的评价，那是对你语言表达力的最高赞赏。通过眼、鼻、嘴、耳、皮肤感知外部刺激叫作感觉。

听力好的孩子能够十分细致地听取对方说的话；口才好的孩子对语言的韵味、感知度非常高。

面对朋友为了逗你笑而说的一句话，你不仅不笑反而在他的言语中挑出毛病，如此下去你就会成为孩子回避的对象，没人愿意搭理你。在孩子群里被孤立是因为“愚笨的语言感觉”，而父母虽然感觉到孩子不愿与别的孩子接触，可就是不知道孩子在孩子群里被孤立的真正原因。父母有必要掌握相关语言表达技巧，将自己的孩子培养成具有语言感觉、讲起话来魅力十足的孩子。

父母指南

如何才能提高孩子的幽默感呢？

1.父母要爱笑

如果孩子说了一句有趣的话，父母一定要拍手叫好并笑出声来给孩子听。人们都喜欢对方对自己的幽默做出积极的反应。如果觉得自己的孩子社会适应能力较差，那么就让他经常对对方说的话做出积极的反应（笑给对方听）。

关键是妈妈首先用笑声回应孩子的话。千万不能说“看你自己说自己笑，有什么好笑的”“要说笑话挑一句有笑点的话，说完你自己先笑，这算什么笑话呀”等消极的话。多说一些“哦，汽车右转弯的时候还真的只有备用胎不转。不错，是个很有趣的脑筋急转弯。你是从哪儿学来这么有趣的游戏的？”等积极鼓励的话。父母这样做，孩子自然就会学着父母认真听、认真学、认真应用。幽默是在柔性思维中产生的，孩子们也会从父母的柔软、悠闲的形象中学到幽默。

2.多给孩子讲讲幽默方面的伟人故事，让孩子认识到幽默感的重要性

一提“幽默”首先想起来的伟人就是林肯总统。下面让我们看一则林肯总统的逸事吧。这是1858年上议院议员选举时发生的事情。当时林肯的竞争对手史蒂芬·道格拉斯说林肯是“具有双重人格的双面人”，于是林肯就对道格拉斯说：

“如果我是双面人，那我今天为什么偏偏带着如此丑陋的面孔来到这个重要的场合呢？”

在此外的政治生涯中，凡是遇到污辱性的语言，林肯总统总是发挥其特有的幽默感用委婉的语言来应对自己的对手。林肯经常用他的幽默语扭转被动的局面，这对他获得更多的选票带来了很大的帮助。

在面临困境的时候，有些人以提高嗓门来恶化局面，而有一些人却以幽默压倒对方。要告诉孩子们，幽默的作用不仅仅是逗人发笑，更重要的是幽默具有缓解关系，使局面往有利于自己的方向转变的威力。只有懂得幽默的作用，孩子才会努力去学幽默。

3.充分利用饭桌前教育

家里气氛和谐，经常欢声笑语，就能使孩子养成欢笑的习惯，

从而对他人讲的话也可以做出柔和的反应。下面我给大家介绍一种我以“饭桌前教育专家”的身份在电视台教育节目中推荐的方法。当主持人提问家庭成员在饭桌前该谈什么内容的话题时，我回答最好的话题是轻松的话题，即学习成绩、学校生活、读后感之外的“有趣、轻松的话题”。

其中一个就是脑筋急转弯游戏。“麒麟到北极会变成什么东西？”“会变成冰麒麟（冰淇淋）”，像这样能够与孩子共同欢笑的脑筋急转弯非常多。这样的题不仅使气氛变得轻松，还能提高孩子们的语言反应能力，可谓是一箭双雕。“麒麟（长颈鹿）”是生长在热带的动物，不可能去北极，但是将这两个风马牛不相及的事物撮合在一起进行答题，能够使孩子拓宽知识面，更重要的是使孩子提高语言感觉和语言创意能力。目前，语言创意能力在演讲会、面试等场合发挥着重要的作用。如果在适当的场合能够发挥兼备幽默的语言感觉，说明我们的孩子已经具备了与世界上任何人都能沟通的“基本素质”。

孩子的幽默技巧

感觉是可以培养出来的。我们的父母应该从小培养孩子包括幽默感在内的整体感觉。我们还要适时认可和赞许对方的幽默感。

①要让孩子理解对方讲笑话的心情

对方说的幽默语虽然不至于到捧腹大笑的程度，但还是要认可对方的幽默感。

“如果朋友说了一句笑话，你该做出什么样的反应？”

“当朋友说笑话时，我觉得附和着他一起笑才是对话的礼节。”

“如果笑点不大也不必强装大笑，只回他一个微笑也可以。”

②孩子说不好笑，父母就应该认同孩子的想法

孩子说不好笑，那父母就说一句“是吗？”，不要再问为什么。

可以认可孩子的观点，“是啊，也许不怎么好笑”，但切勿让孩子指责对方，“喂，这算什么笑话？你太幼

稚啦！”

“不能因朋友的笑点跟你不一样而说他幼稚，这是一种有失礼节的行为。”（√）

“大家都笑，只有你刨根问底。你这样下去谁会喜欢你呢？”（×）

由于这是属于分析、判断的语言，因此容易使孩子变得古板。没有幽默感却有出众的分析能力，父母也应该及时称赞孩子。有了自豪感就能变得更宽容，更具柔性思维。一个孩子乐观积极，他的大脑活动也更加活跃。

孩子的语言技巧

“当朋友想用风趣的语言营造轻松的氛围时，就应该与他一起欢笑。因为这样做也许会产生某种共鸣。”（√）

“虽然没什么笑点，但还是给他回一个微笑吧。”（√）

“喂，行驶中的轮胎和后备厢里的轮胎一样吗？”（×）

“一点儿也不好笑！”（×）

“你真幼稚！”（×）

05
善于发现别人长处的孩子

“妈妈，同学们都说我的表扬才是真正的表扬。”

听到这话，妈妈不禁怀疑儿子对“表扬”一词是不是有什么误解，儿子的这句话又像是“不轻易表扬”的意思，又像是“出自内心的表扬”。于是妈妈再次问了儿子：“你是怎么表扬的，大家都说是‘真正的表扬’？”

“今天我对小英说了一句‘你很酷’，小英马上跟其他同学说：‘你们都知道小宇平时不怎么表扬别人，小宇一旦表扬一个人那是真正的表扬。这说明我今天确实很酷，你们都听到没有？’”

“你真的像小英说的那样平时很少表扬别人？听你这么一说妈

妈也很好奇呀！”

“嗯，我平时确实很少表扬别人。”

“哦，由于你平时不怎么表扬别人，所以一旦表扬一个人，大家都觉得这才是真正的表扬。”

通过这一番对话，妈妈这才明白了儿子平时很少表扬别人的事实。妈妈继续问儿子：“除了今天，你还什么时候表扬过别人？”

“好像没怎么表扬过。这些事非要口头表扬吗？”

“每个人都有各自的心思，有些人为了自己的某种利益看到好人好事也视而不见，可胸怀坦荡的人看到好人好事不管他是谁都要极力表扬。表扬，你用语言表达出来，才能更快地传达到别人的耳朵里。”

表扬也要讲技巧

表扬是社会生活中必不可少的语言艺术，也是培养孩子的情感发育和表达能力时不可或缺的因素。当然不分时间地点滥用表扬也不会有什么好的结果。再好听的话，如果不分场合随口说出，还真的不如不说。

然而，有些孩子对表扬有一定的反感心理。“这样的事非要口头表扬吗？”如果你的孩子对表扬产生反感或尴尬心理，那么有必要教给他表扬的方法。因为表扬他人也需要技巧。现在让我们来听听小宇妈妈与小宇的一段对话。

“小宇，刚才你说有些事没必要口头表扬。如果你不用语言而只是在心里表扬那个同学，那个同学能知道你在表扬他吗？”

不妨与孩子谈一谈“适合于表扬的语言和场合”。

说一句“往后看到同学的长处要毫无吝啬地予以表扬”也可以，但最好是告诉孩子根据不同的场合，选择适当的语言予以表扬的方法。

“表扬是一种美德，也是一种好习惯，但表扬不恰当也许会给对方造成一定的心理负担。那么什么样的表扬会给对方造成心理负担呢？”

“嗯……对学习成绩的表扬？”

“对啦，这种表扬会给人家带来心理负担。除此之外还有没有呢？”

“想不起来。”

“妈妈觉得对一个人相貌的表扬也是需要注意的表扬之一。”

“怎么？你苗条真好看，你减肥后真好看，你眼睛大，你腿长，这些不都是表扬的语言吗？”

“从你的角度看那些都是对他人表扬的语言，可从听者的角度说那也许正是最纠结的事情。”

“是吗？哦，对啦！我同学小敏也正苦恼自己太瘦，巴不得立刻变胖。”

“所以当着小敏的面不能说‘你苗条真好看’。”

“妈妈说得对。我会像妈妈说的那样在提及别人相貌的时候特别注意的！”

根据时间和场合用合适的语言表扬他人的孩子

孩子早晚要离开父母独自走进社会。如果你的孩子能够在不同时间、不同场所用合适的语言表扬他人，那么即使他“独自一人”

走进社会，也会很快能够融入社会，与社会群体共同过上幸福的生活。然而，这种表扬技巧要让孩子自己去领会，孩子就会付出很大的代价和很多的时间。好话也要分时间分场合讲，对孩子来说这是非常纷繁细致的功课。然而只要父母经常与孩子进行有关这方面的对话，那么孩子也能自然而然地学会这一表扬的技巧。

只要父母抓住孩子在自己身边的机会努力训练孩子的表达能力，那么不管哪一天孩子“独自一人”闯入社会，父母也不用为孩子面临多么激烈、多么艰难的社会生活而担忧。因为我们的孩子已经懂得了什么话是必要的，什么话是有益于与人和谐共存的，什么话是能够化解人与人之间纠葛的。

父母指南

善于发现别人长处的孩子肯定会受到人们的喜爱。人家能看出我的长处并适时表扬我，这样的人谁不喜欢呢。常言道“赞美可使鲸鱼也起舞”，说的就是人人都喜欢听表扬之词，也意味着表扬的效果。与之相反的还有“表扬声里也有毒”的俗语，即反复毫无意义的表扬或过分夸张的表扬，不仅不能传递表扬的真实意图，还会使对方怀疑你说的每句话的真实性。

我做父母教育的时候常说“表扬孩子要讲究方法”，即要注意多表扬孩子的“努力”和“过程”。遗憾的是现在不少父母只热衷于表扬孩子的“结果”或“成绩”。

然而，表扬技巧是一种高难度的语言技巧，让正在成长中的孩子去掌握这种技巧不免强人所难，因此，在掌握表扬技巧之前，先教孩子们表扬他人的语言习惯。我认为这比教孩子掌握表扬技巧更重要。有两种孩子，一种是因思考对方行为是否正确而失去表扬机会的孩子，“他的那种行为到底值不值得表扬呢？”；一种是不知不觉地看出朋友的长处和优点习惯性地给朋友予以表扬。这两种孩子中哪一种孩子更能处理好朋友之间的关系呢？我们必须让孩子习惯于表扬他人。

表扬他人意味着善于发现他人的长处。凡是善于表扬他人的孩子都能一眼看出别人值得表扬的行为，而被人表扬的行为又都是那个人的长处。面对同一个人，既有先寻找那个人的长处的人，也有先挑出那个人的短处的人。喜欢挑出别人的短处，当然也有将别人的短处作为反面教材或当作他山之石以警示自己的好处，但对目前还在成长发育中的小孩子来说，还是先寻找别人的长处为好。因为孩子们在模仿别人长处的过程中，会将那些长处变为自己的东西。

我们还要教孩子，找出别人长处后，不要仅仅看在眼里记在心里，还要努力去学习，并且努力付之于实践。人们都喜欢了解自己、表扬自己的人，也愿意向表扬自己的人敞开心扉。会表扬别人的孩子往往都是会结交朋友的孩子。要使我们的孩子做到这一点，就让他们平时有意观察别人的“好人好事”，并以口头表扬的形式来表达自己的敬意。

表扬的方法与效果

“发现好人好事最好在人多的时候表扬，好让大家都能听得到。”

“为什么对别人相貌或学习成绩的表扬要小心谨慎呢？”

“经常表扬别人对双方有什么好处呢？”

“只要你经常寻找好人好事，你就会自然而然地看到别人的长处。”

“经常表扬别人容易赢得别人的好感。”

孩子的语言技巧

“要学会区分羡慕别人的话和表扬别人的话。有些话会让人感觉不是表扬，而是被对方听成‘他在过分羡慕我’。羡慕别人的话可以放在心里不用表露，否则容易给对方以‘难道他是为了这个与我交朋友’的错觉，也有可能使对方产生‘你在嫉妒我’的错觉。”

1.区分羡慕的话和表扬的话

“哇，这个东西真好呀！”（对物品的羡慕）

“是你自己挑选的吗？很适合你！”（表扬）

2.有可能造成负担的表扬

①对相貌的表扬・喊绰号

“你的眼睛真大，真是个大眼怪！”（×）

听到这句话以后，你朋友会为自己的眼睛苦恼的。

②对学习成绩的表扬

“你学习成绩那么好，我真羡慕你！”（×）

如果你朋友正在因为学习成绩而觉得压力巨大，那么你的这句话会给他造成更大的心理负担。

③评价朋友拥有的昂贵物品，对物品的称赞

“你零花钱多，专买名牌货，真羡慕你。”（×）

3.不同场合下的表扬话与认可话

我们不仅要学会表扬他人，还要学会“认可”他人。认可就是承认他人的优点，使人感到有别于表扬的亲切感。

· 找个对方的“好人好事”，练习口头表扬的技巧。

· 认可朋友的优点，以提升朋友的存在感。

①当朋友对你很亲切的时候

“XX呀，你待朋友真亲切，谢谢你！”

②当朋友帮助你的时候

“多亏你的帮助，我终于解开了这道题，谢谢你！”

③想称赞朋友的时候

“有你这么一个朋友我真高兴，我希望咱俩继续和睦相处。谢谢你！”

④提起朋友长处的时候

“你这字写得真漂亮，有什么秘诀吗？”

⑤认可朋友时说的话

“我觉得你非常用功。”

06

父母能够让孩子打开话匣子的方法

“妈妈，这个你知道吗？”

孩子手拿一本书走过来，就像发现新大陆似的炫耀道。其实那是妈妈早已熟悉的故事。

“妈妈，知了出生后在地下埋藏3～7年才爬出地面，有的甚至埋藏13～17年呢！”

其实这是以前爸爸讲给他听的。当时妈妈也在旁边听过，所以妈妈也早已知道。当孩子向妈妈讲大家都知道的事情时，或者孩子向妈妈炫耀般讲无关要紧的事情时，妈妈应该做出什么样的反应呢？

反应1. “那不是我们三个人都在的时候爸爸给我们讲过的吗？”

反应2. “埋藏时间真够长的，你怎么能那么准确地记住年数呢？”

本想向妈妈炫耀一番的孩子听到妈妈第一个回应会是什么心情呢？尴尬之余，他会立刻闭上嘴的。

如何使提高口语表达能力成为可能

你的孩子是不是经常向你炫耀般地讲你都知道的事情？即使父母都知道孩子想要讲什么，也应该装作不知道，给孩子一个铺垫，让孩子尽情说话。如果孩子为了博取赞扬提出什么话题，那么父母应该积极附和孩子认真听取，待孩子讲完不惜言辞去夸赞他。有这种体会的孩子都会觉得与父母交谈最幸福，从而与父母交流的话题越来越多。

能够让孩子打开话匣子的父母是什么样的呢？有喋喋不休的孩子，有说一句顶十句的孩子，也有对大人问话用简短的一句应付的孩子，更有经常把“不知道”一词挂在嘴边的孩子。面对这些孩子，我们不能只埋怨他们性格孤僻。

遇到这样的孩子，既不要埋怨孩子“话怎么这么多”，也不要责怪孩子“回答怎么这么没诚意”。也有孩子在外面沉默寡言，可回家在妈妈面前却喋喋不休。我们的孩子应该是在妈妈面前喋喋不休的孩子。只有打开孩子的话匣子才能提高孩子的口语表达能力。

随着孩子的长大，父母应该渐渐退出孩子的生活环境，扮演咨询者、志愿者的角色。孩子长大后逐渐离开父母，走上孩子固有的成长道路。孩子的成长舞台应该是学校，是孩子的朋友圈子。父母总不能天天跟在孩子的屁股后面为孩子代言。

父母所能做的最好的事情就是教孩子提高语言表达能力，好让孩子在今后将要遇到的各种情况下能说出自己该说的话，培养孩子能够抵御语言伤害的耐性。孩子应该用从父母那里学到的语言表达方法与朋友、老师、大人交流，过上美好的社会生活。要想提高孩子的语言表达能力，首先要做到父母与孩子亲密无间，尤其让孩子喜欢与父母对话交流。任何人都愿意在自己喜欢的人面前开口说话。

你们是鼓励孩子打开话匣子的父母呢，还是不让孩子乱说话从而逼得孩子不得不谨言慎行的父母呢？父母想让孩子把自己教给孩子的金言玉语说出来，就应该让孩子打开话匣子。

父母指南

由于孩子很少说话，于是妈妈说："你随便说两句好不好？"孩子便回答："随便说？说什么呀？"下面以此为例对比一下两位妈妈的区别——能让孩子打开话匣子的妈妈和让孩子三缄其口的妈妈。

让孩子开口说话的妈妈：（高兴地）"我的宝贝到底开口说话了！"（√）

让孩子三缄其口的妈妈：“你真不知道妈妈叫你说什么吗？什么叫‘说什么呀？’”（×）

有道是“孩子的所作所为当父母的知道得最晚”，用俗语来比喻应该是“灯下黑”。“你的话太多了”“你哑巴啦，怎么不说话”，父母不经意间说出的这些话，还有父母让孩子怯懦的言行都会使孩子变得孤僻，不爱说话。

说话不靠谱的孩子，反复说同样一句话的孩子，说句没有笑点的话然后独自哈哈大笑的孩子，不分场合随便说话的孩子，抢在父母前面乱说话的孩子……面对这样的孩子，父母该做出什么样的反应呢？

让孩子闭上嘴的话

“少说那些不靠谱的话，说话要慎重一点儿！”

“这不是上回说过的话吗？你什么记性！”

“这有什么可笑的，看你自个儿乐的！”

“大人说话别乱插嘴！”

让孩子开口的话

“哦，你还有那样的想法？”

“你是怎么知道的？”

“是吗？哇，妈妈还真不知道！”

“原来你对那种事情有兴趣呀，真了不起！”

“妈妈还真不知道，多亏儿子，妈妈也能赶时尚了！”

“笑死我啦，你是从哪儿学的那么多有趣的句子？”

让父母对孩子说的话做出积极反应并不意味着无条件地应和孩子“说得好，说得妙”，在做出反应的同时，还要正确引导孩子的语言表述。否则长期这样下去，我们的孩子有可能不懂装懂或随时随地抢话头，很容易遭到朋友们的指责：“你别乱说话！”

父母平时要认认真真地听取孩子说的话，告诉孩子想在外面理直气壮地说话，还要掌握正确的技巧。

妈妈：怎样才能与对方理直气壮地说话呢？

孩子：要多读书！（要拓宽自己的知识面/说话时吐字要清晰）

妈妈：没错。说话尽量有条有理，否则很容易给人留下不懂装懂自以为是的印象。

只有会打开孩子话匣子的父母才能告诉孩子如何应对走进社会以后所要面临的不公正、悲伤、沮丧、愤怒的事情。要想提高孩子的口语表达能力，首先让孩子亲近父母，让孩子经常与父母对话交流。那些疏远父母的孩子永远学不会语言表达技能（即睿智、有益的语言）。

孩子的语言技巧

“想在朋友面前发表自己的意见该怎么办呢？”要多跟孩子交流有关这方面的话题。幼儿期或小学低年级是孩子最想装懂的时期（其实似懂非懂）。这时，不管孩子说什么首先认真去听，免得孩子尴尬从而陷入窘境。

“啥都不懂不要乱说话！”（×）

“你要是那么说，同学们就会说你不懂装懂！”（×）

要举例教孩子在具体情况下如何表达自己的意思。举的例子越仔细越好。

①在学校表达自己想法的时候

“同学们，这样做好不好？”

“我在一本书上看到的，这种方法好像也行得通！”

②向老师表达自己想法的时候

“老师，这只是我个人的想法，您看这么做行不行？”

父母要以身作则，教育孩子根据对方的反应或不同的场合挑选适当的言辞表达自己的意思。教孩子学会不抢断别人的话头、轮到自己的顺序才发表自己的意见等礼节比什么都重要。记住，要想教好这一切，只有能打开孩子话匣子的父母才能做到！

第二章

在朋友间受欢迎的孩子的表达力

01
当朋友让自己不舒服时的表达技巧

孩子们三三两两围坐在沙坑玩泥沙。由于小敏专心用泥沙造小屋，因此不知道自己甩的泥沙溅到了小艺身上。小艺心里不快，可还是忍住没有吱声。然而小敏的泥沙不停地甩过来，小艺实在受不了，抓起一把泥沙朝小敏甩了过去。莫名其妙地挨了一场泥沙雨，小敏愤愤地喊了一声。两个同学便开始打起了泥沙仗。

“是你先甩了我一身泥！”

“我什么时候甩你泥沙了？”

“呜呜呜……”

“哇啊……”

孩子们的泥沙游戏被小敏和小艺的哭喊声中断了，游戏场顿时乱作一团。老师站出来把两个孩子分开，然后向二人询问事情的缘由。小敏和小艺开始向老师争先恐后地告起状来了：

“是小敏先给我甩了泥沙。”

“我什么时候甩过？”

“是你先甩的泥沙进到我眼睛里！”

父母指南

先做错的当然是小敏，是她玩泥沙的时候不小心甩到小艺身上。虽然小艺是受害者，可小艺也应该反省自己故意用同样的方式报复小敏的行为。二者都是伤害者的同时又都是受害者。为什么在幼儿园、学校、游戏场所等地方经常发生这样的事情呢?

当孩子回家以后说“我被XX挨打了”“XX很讨厌”之类的话时，父母应该怎么回应呢?

“挨揍不还手是傻子，他揍你你也揍他！”

“打仗不能输，一定要打赢！”

“你就傻傻地挨揍了？”

“孩子是不是被人欺负了？孩子是不是在外受委屈了？”这是大部分父母最担心的事情。殊不知用这样的方法教育孩子，对孩子的成长一点儿没有好处。那么我们应该怎么样引导孩子呢?

如果你是玩泥沙时无意间伤害对方的孩子的父母，应该告诉孩子主动向对方道歉："对不起，我不是故意的。我错了，实在不好意思。"

反过来，如果你是受害者的父母，也不能因对方无缘无故地伤害自己的孩子而感情用事，应该告诉孩子向对方耐心询问："泥沙都溅到我身上啦，怎么回事？"

这里关键的是询问理由的"怎么回事"一词。如果恶意欺负朋友的话另当别论，可因专注玩耍太过沉浸其中未能考虑周边状况而伤害到朋友，对那些未成年的孩子来说是经常发生的事情。

孩子的语言技巧

即使朋友做了一件令自己不愉快的事情，也不能感情用事。

“你真烦人！”“你别胡来！”“你瞎呀！”（×）

第一步：说明自己的心情和当时的情况

“你这样做，我心情不太愉快。”

第二步：向朋友询问理由

“你这是怎么回事？”

关键是不要以责问的口气询问。

第三步：向对方提出要求

最好从“请你”开始，以“好不好”结束。

“请你不要往我这里甩泥沙好不好？”

02

拒绝帮忙或被误解时的表达技巧

平时很谈得来的大元和希秀两个朋友刚下课就坐在了一起。对这两个孩子来说，课间休息是最愉快的聊天时间。

从昨天看的电视节目到最近最受欢迎的YouTube内容，还有放学以后的玩耍计划，聊天的内容实在是太多了。可时针却无情地转动，尤其课间休息时间总觉得时针转得更快。

“没聊几句上课铃又响了。”

“可不是嘛，还有好多事没聊完呢！”

“那，上课的时候我悄悄给你递纸条？”

“嘻嘻，好极啦！”

随着上课铃声响起，第二节课开始了。同学们都按照老师的要求打开了教科书，可两个孩子根本听不进老师讲的话。两个孩子最关心的是老师的目光。因为他们要在老师的眼皮底下互相传递纸条，继续聊聊休息时间没聊完的话题。

大元和希秀中间坐着小英，两个孩子要想在老师眼皮底下传递纸条就必须通过小英。大元避开老师的视线悄悄捅了一下小英的腰部，示意将纸条传给希秀。小英面露为难的表情轻轻地摇了摇头。

大元不管小英愿不愿意，急着要把纸条传到希秀那里。就在老师低头看一眼自己教案的瞬间，大元不失时机地将写有“传给希秀”的纸条连同写给希秀的纸条一起轻轻地扔到了小英的桌上。

“传递纸条被老师发现，免不了挨一顿批评……”

小英最怕被老师点名批评，所以她最不愿意做这样的事情。遇到不情愿的事情，小英犹豫片刻。见状，大元露出急切的表情说道（轻声细语）：

“快传给希秀。轻轻扔过去不会被老师发现的！”

“也行。赶紧递过去，我还要集中精神听老师讲课。”

就在给希秀扔去纸条的瞬间，小英的小动作还是被老师的雷达网捕捉到了。

“我都看到了。小英同学站起来！老师说没说过上课时不许搞小动作？”

“啊……老师，是大元同学要我传给希秀同学的，我没搞什么小动作。”

小英慌张地向老师解释道。她不想被老师误会，试图说明事情的缘由。但在老师的眼里，小英的这一举动明明是为自己辩解。

“别说了。小英、大元、希秀，下课后我要检查你们的笔记本。”

一看老师不相信自己的话，小英觉得十分冤枉。“我压根儿就没有帮他们传递纸条的想法，只是大元把纸条扔到我桌上，我没办法，把那纸条再扔给希秀而已，老师为什么不相信我的话呢？”小英越想越想不通。此时，小英觉得所有的人都那么讨厌——让自己传递纸条的大元，与大元串通一气的希秀，还有明知自己的冤情却不肯站出来帮自己说一句公道话的身边的其他同学，甚至误判这一冤情的老师。

上课时间在同学们的注视之下被老师点名批评，面对这种状况该如何应对呢？没有练习过应对方法的孩子当然会慌得不知所措。如果辩解不当，那么为了申诉自己的冤情而向老师陈述事情原委的解释还会起到相反的作用，在同学们心中给自己打下一个很不光彩的烙印——爱向老师告状的孩子。

事实上，如果这样的事情反复发生，像小英这样的孩子在老师和同学们心目中真有可能成为“爱辩解的孩子”“爱打小报告的孩子”。

被误会过一次的孩子往往产生一种拒绝心理——帮同学做事就会陷入窘境，于是往后对朋友的请求就会采取一概拒绝或一概回避的态度。若是长期这样下去，朋友之间的关系也就不可避免地出现裂痕。

父母指南

长期过集体生活的人，不可避免地会遇到被人冤枉、被人误会的窘境。被人误会本就够冤枉的，再加上不是因自己而是因朋友蒙受冤屈，其心情会如何呢？我们的孩子与朋友们一起生活，发生这样的事情是司空见惯的。

“因朋友蒙受委屈，伤心坏了吧？”

“在全体同学面前被老师点名批评，心里很委屈吧？”

要充分理解孩子蒙受委屈的心情。还有，遇到事情要给孩子好好分析当时的情况，以免孩子怨恨朋友，更要留意孩子被朋友们评价为“爱打小报告的人”。下面听听一位妈妈根据孩子讲述而对孩子说的一段话。

“人活在这个世上，像今天这样遭受委屈的事情经常会发生。但你要知道你今天因朋友遭受委屈并不是朋友有意陷害你。上课的时候相互传递纸条或搞别的什么小动作固然是错误的行为，可你应该理解他们二人之间也许有什么重要的事情必须在上课时传递纸条来商量。”

“哦，原来也不是什么重要的事情，还让你传递纸条？上课的时候做那样的小动作是不允许的，看来你的那两个同学确实有错在先。”

“面对慌张的局面，你可以跟老师解释‘事情并不是那样’。

但是，尽管你是为了澄清事实而向老师做了解释，可从老师的角度讲，他完全可以把你的解释听成是你在为自己的错误辩解。”

“你当时的心情我完全可以理解，受到委屈或遇到伤心的事情很想当场向老师做出解释。但是换一个角度，下课以后再向老师或同学们解释会怎么样呢？下课以后向老师、向同学心平气和地做出解释，效果不就更好吗？”

当孩子从别人（老师或同学）那里受到委屈或伤害时

第一步：要理解孩子纠结的心情（表示共识）。

第二步：与孩子对话，让孩子理解对方的处境（换位思考）。

第三步：解开孩子心结的同时还要让孩子理解对方的心情（理解对方）。

需要注意的是，孩子心里产生负面情绪时，与他对话尽量用温和的口吻。

“原来是这样啊，看来你讨厌那个朋友也不是没有道理的。”

对话要充分考虑对方的处境，尽量理解对方。

“原来那个朋友当时正在气头上，结果见到你顺便向你发泄了心中的不满。就是说，他内心根本没有什么坏心思。没错，我的女儿这么善良，你那个朋友也不可能对你有什么坏心思。”

“想到老师偏心眼，你心里肯定不舒服。换作妈妈，妈妈也不会高兴的。”

让孩子理解对方，想开一点儿：“这不一定是区别对待。”

“老师对学生百分之百是公平的，可在孩子们的心目中，也许会产生老师区别对待学生的想法。别的孩子也许跟你想的一样，可话说回来，老师是绝对不会区别对待学生的。”

孩子的语言技巧

1.（课堂中）如何拒绝同学的请求

（用不耐烦的表情）“滚一边去！”（×）

摇头婉拒：“我做不到。”（√）

（下课后）向朋友解释：“对不起，那时正在上课，我不能接受你的要求。”

2.在不得已的情况下帮朋友一次忙结果被老师发现时

“老师，是那个同学叫我这么做的。”（×）

“老师为什么指责我一个人？”（×）

“喂，这不是你叫我干的吗？”（×）

3.因朋友而遭受委屈的时候

①心平气和地解释当时的情况

“老师，那纸条不是我的，是朋友让我传过去的。”

②向老师解释

“老师，我有话跟您讲。”

“刚才是同学叫我传递纸条的，可老师这么批评我，我心里很难过。”

③向同学解释

“帮同学传递纸条挨批评，我心里很难受。”

“以后我们不要在上课时传纸条好吗？”

03
惊慌或脸红时的表达技巧

"姜承宪，请承宪同学回答！"

"……啊？"

老师突然叫姜承宪站起来，要求在众多同学的注目下回答提问。这是课堂上经常发生的事情。同样紧张的场合，有的孩子沉着冷静自信满满地回答老师的问话，可有的孩子却紧张得满脸通红、支支吾吾说不出几句话。有些场合虽然不太紧张，但有的孩子还是脸红口吃，半天说不出话来。如果是大人，看到对方一脸尴尬的面孔便假装没看见就那么过去，可不懂得考虑他人处境的孩子们却没有恶意地取笑对方的窘态。对孩子们来说，有人在大庭广众之下满脸通红、支支吾吾看起来十分好笑。

“你看他，脸都红到耳根了。”

“喂，小红脸！”

本就紧张得脸红耳热，再加上同学们这样的取笑，被老师点名站起来的学生便更加慌张，恨不得找老鼠洞钻进去。尤其对那些怕见生人或特别在乎面子的孩子来说，心里会留下一个永生难忘的创伤。一旦有过这样的经历，只要老师一点名他就习惯性地紧张起来。

如果是性格内向的孩子，即使是放学回家，在回家的路上也会一直想课堂上窘得脸红并因此被同学们取笑的事情。承宪就是这样的孩子。事实上，他也恨自己不争气动不动脸红，也厌恶那些取笑自己的同学们。回到家承宪就向妈妈诉苦：

“妈妈，我不想上学。”

“不想上学？你这是怎么啦？”

“同学们都取笑我。”

“他们干吗取笑你？”

“不知道。”

“是不是同学们欺负你？谁打你了？”

“不是。”

承宪想跟妈妈说出自己心中的郁闷，可不知道怎么讲才好。妈妈唯恐自己的孩子被同学打或被同学疏远。看到妈妈充满忧虑的眼神，承宪更是说不出口。只因同学们取笑而跟妈妈说不想上学，承宪后悔跟妈妈说“不想上学”之类不争气的话。想跟妈妈诉说今天发生的事情，脑海里又浮现出课堂上的那副窘态，承宪心里越发郁闷。看到儿子噘嘴的样子，妈妈再次柔声问道：

“同学们是怎么取笑你的？妈妈很想知道。说吧，说出来你会好受一些的。”

“今天上课时老师突然叫我回答他的问话，我一时想不起来没有回答上。这一下同学们取笑我连那么简单的问题都答不上。因为老师突然要我发言，我一紧张不由自主地脸发红了。看到我脸红，同学们取笑我是个‘小红脸’。听到他们的取笑声，我一生气脸更加发红了。我也不想脸红，是被当时的情况逼的。明天一上学同学们肯定会给我起外号‘小红脸’，我还有什么脸上学呢？我真的不愿意上学。”

父母指南

就像孩子说的那样，脸红是不能随心所欲的。这种情况下，对孩子说“是啊，你为什么脸红”不仅没有任何意义，而且对已经在学校经历过尴尬事情的孩子来说，有可能是第二次伤害。因此，对孩子说话一定要注意。

这等于把因害羞而躲在妈妈身后的孩子硬拽出来说“这孩子怎么啦”一样。妈妈硬拽出孩子的举动会给孩子幼小的心灵留下冷漠无情的阴影。

“脸红算什么？就为那么一点儿事情不想上学？”这样的话也不会对孩子有什么帮助。即使面对同样的状况，人和人的感受也是不同的，因此不能只因孩子的想法与父母不同而无视或轻蔑。

“因为你总是被人家摆布，所以他们才肆无忌惮地取笑你。说你‘小红脸’怕什么？只要你不放在心里他们也不会再说的。”

这也不是安慰孩子的言辞，因为在当时那样的场合下，孩子是无法做到“不放在心里”的。

“孩子的心这么软弱如何是好。”

“脸红也不是什么丢脸的事……”

孩子如此腼腆害羞，作为妈妈心里肯定很难受，有很多心里话：“脸红不是什么坏事”，“不管发生什么事情，学校是一定要上的”，“就为这点事儿不想上学，以后怎么办？”这时，还是先听听孩子发自内心的话。

妈妈：“你不想上学是因为脸红，还是怕同学们取笑你是个‘小红脸’？”

孩子：“爱脸红也丢人，被同学们取笑‘小红脸’也丢人。”

人一旦生气或慌张，就会发生体温上升等生理变化。体温上升，我们的身体就要散发体内的热量，散发热量又需要皮肤血管扩张，而皮肤血管扩张，皮肤的颜色自然就变红。这时最需要的是控制情绪，可对孩子来说，控制情绪当然是一件不容易做到的事情。

这个时候，妈妈应该安慰孩子，紧张的时候谁都会脸红耳热，告诉他这是正常的生理现象。

“遇到尴尬、紧张的事情，妈妈也有脸红的时候。一脸红，人们就会马上知道我遇到了什么尴尬的情况，怕别人看出妈妈的窘态，妈妈也会极力掩饰自己装作若无其事的样子。可越想掩饰自己脸红，这张脸却越是发红。每当遇到那样的状况，妈妈就闭上眼睛，心里反复说‘不会有事的’，然后做几次深呼吸。结果，紧张的心态很快就平静下来，脸色也恢复到原来的状态！”

妈妈先敞开心扉说出自己的经历，孩子也会慢慢地说出自己的心里话。

“妈妈，我最怕课堂上同学们突然盯着我，也怕同学们取笑我。”

“谁都不想被人取笑。可如果那个时候你掉眼泪或露出生气的样子，人们就更会取笑你。那个时候你应该心里念叨‘小红脸又怎么啦’，然后满不在乎地咧嘴一笑。这样，他们的态度也会立刻改变的。”

如果妈妈用自己脸红的经历教导孩子也不能使孩子安心，那么还可以给孩子讲述孩子认识的几个名人的逸事。

“你认识电视明星刘在石[①]叔叔吧？就是你最喜欢的那个主持人。别看他在电视节目上又搞笑又调皮，可他也曾患过严重的镜头恐惧症，一旦站在镜头前就结结巴巴变成口吃。后来他付出很大的努力，做了站在别人角度上说话的练习，也做了准确、流畅发音的练习。我们看到的只是电视屏幕上刘在石叔叔大方、风趣的样子，谁都没想到他也是那种性格的人。别看现在老师突然点名就觉得慌张脸红，可我的儿子承宪早晚会有昂首挺胸自信满满大声回答的日子。到时候即便偶尔会遭到同学们的取笑，你也会养成一笑了之的

① 刘在石：韩国著名综艺节目主持人——译者注。

大度性格，会跟同学们堂堂正正地说‘脸红怎么啦？脸红也不是坏事呀！’。”

这些话不能跟爱害羞或遇事慌张的孩子说

“你也没做错什么事，干吗要脸红？”（×）

“这有什么可害羞的？”（×）

“同学们取笑你，你却像傻瓜一样听之任之？”（×）

“就为这么一点儿事情不想上学，那怎么行？”（×）

孩子的语言技巧

①同学们取笑你“小红脸”的时候不要哭也不要生气

“你竟敢取笑我！”（×）

“胡说，你才丢脸，你才脸红！”（×）

（心里想）“哦，看来我又脸红了。越是这样的时候越要沉着冷静。”（√）

②说话要昂头挺胸

要记住“态度也是一种语言”。

说话不要低下头，再慌张也不要哭丧着脸。

（心里想）“不能低下头，也不能跟他们较真儿，否则他们会更取笑我的。”

③说话控制语速，吐字清晰

一慌张说话可能会变得急促，因此越是慌张越要控制语速。

如果一时想不起答案，就有礼貌地向老师直言：“老师，我现在想不起来了。等我想起来就回答您的提问。”

04

做错事时的表达方法

人的一生谁都免不了做错事。大人也经常做错事，何况尚未成熟的小学生。可以说，孩子在学校生活中做错某些事情是一种常态。做错事就道歉、反省，孩子们就是在这个过程中一步一步成长的。

在学校一个无意间的失误给同学造成损失，为此嫣嫣整天闷闷不乐。回到家心情仍然没有好转，吃自己最喜欢的零食时，她的表情还是阴沉沉的。察觉到嫣嫣的表情与平时不同，妈妈问女儿今天发生了什么事情。

“宝贝女儿，看你脸色有点不对劲，今天学校发生什么事情了吗？”

“嗯，没什么……”

“不会吧？妈妈觉得肯定发生了什么事情。嫣嫣用这种表情吃零食妈妈还是第一次看见。妈妈很想知道今天发生的事情，要不妈妈会一直担心的。”

“今天发生了一件……”

嫣嫣的同学都是性格活泼的孩子，课间休息时间和她们往常一样嬉戏打闹。上课的铃声响了，老师也来到了教室。孩子们自觉地拿出了自己的作业本。嫣嫣拿出作业本后环顾了一下周边的同学。她突然发现小松面色难看，显得十分慌张，看样子小松没做作业。

“小松，你是不是没做作业？”

嫣嫣自以为轻声地说话只给小松听，不料被老师听见了。看来嫣嫣的声音还是大了一些。听嫣嫣这么一说，本来不想检查作业的老师便让同学们打开作业本，开始检查作业完成情况。

“哦，我差点儿忘了昨天留下的作业。老师不说，你们也应该主动提醒老师检查作业呀。没做作业的同学都站起来。老师现在开始检查作业了，没做作业的同学在我发现之前还是主动站起来。”老师面带笑容口气温柔地说道。

作业检查完了，没做作业的同学虽然没有挨上老师的大骂，可小松心里还是很不愉快。今天被老师批评不就是因为嫣嫣说了那句话吗？小松用老师听不到的声音悄悄跟嫣嫣说“嫣嫣，都怪你说了那句话，害得我挨老师一顿批评”，吐露心中的不快。

“我说那句话，绝不是有意让你挨老师批评的……”

嫣嫣既惭愧又尴尬，一时不知说什么好。

“妈妈，我绝对不是故意的，只是不经意间问了一句小松做没做作业。我压根儿没想到老师会听见。老师原本不打算检查作业，可因为我的那句话弄得小松那么难堪。今天一整天小松也没看我一眼，也没跟我说过一句话。”

“哦，原来是这么一回事呀。看来小松真是很难堪了呀。这就要求我们每说一句话都要小心谨慎。当然你也没有什么恶意……”

没等妈妈说完，嫣嫣便呜呜地哭着跑进了自己的房间。

重要的是抚慰孩子幼小的心灵

“我早就说过你平时嗓门偏大”，“虽然不是出于恶意，可毕竟伤了同学的心”，“叫你多嘴，活该。说过多少遍了，说话要留意点儿”。类似这样的话对孩子的成长没有一点儿好处。孩子向父母坦白自己的事情需要很大的勇气，孩子不用妈妈逐句逐字地指点也能认识到自己的过错。这时，孩子最需要的，是妈妈的共识。在考虑孩子的同学之前，我们首先要抚慰自己孩子幼小的心灵。

“咳，小松该多么难堪呀！”（×）

“啊，原来是这么一回事呀，嫣嫣尴尬（伤心）坏了吧？”（√）

这里说的不是夸我的孩子，而是好好抚慰我的孩子才能顺利地转向下一步。

如果父母难以把握孩子的过错程度，就说一句“哦，原来是那样呀”，然后通过对话把握状况，教孩子在那样的情况下该用什么样的语言来应付。

妈妈：那，老师查完作业以后呢？

孩子：没做作业的同学共有五名，他们都被老师训了一顿。所以他们才讨厌我。

妈妈：竟有五名之多？原来是这样啊！可这也不是你的本意呀……（妈妈的共识）

孩子：可不是嘛，这真不是我的本意。妈妈，你说这种时候我该对小松说什么好？

妈妈：你认为应该怎么做？

孩子：我很想向她道歉，可她连看都不看我一眼。她要是不接受我的道歉又该怎么办？（孩子的担忧）

父母指南

母女之间的对话可谓面面俱到，孩子的担心，妈妈的忧虑，孩子的预想等。下面我们再看一下不会犯同样错误的方法和向对方道歉的艺术。

首先，当两个人一对一对话的时候，要注意对话声音控制在只有对话的两个人才能听到的程度。让小学低年级学生自我控制说话声音是不容易的事情。小孩子往往在老师和同学们面前不敢大声说话，可在两个朋友无拘无束对话的时候却扯开嗓门说话。借这个机会，我想谈一谈有关控制说话声音的话题。

控制声音的大小

“在人多的地方跟朋友说话，最好要压低嗓音，不要影响别人的谈话。”

“即使不是秘密，也要压低说话声音。”

“不分时间场合扯开嗓门说话，会遭到别人的白眼。”

只有充分了解孩子的苦恼和问题的解决方法才能给孩子做出合适的建议。“当时她正在气头上，我不知道该怎么说好”，如果孩子这样说，就告诉孩子对那个正在气头上的同学用温柔的语言去道歉的方法。

道歉的艺术

“你觉得该如何向那个同学道歉好呢？”

“同样的道歉，可用不同的方式，其效果完全不一样。”

“妈妈上回洗嫣嫣最喜欢的小白兔玩具的时候不小心把小白兔的耳朵洗坏了，你还记得妈妈是怎样向你道歉的吗？‘妈妈知道那是你最喜欢的玩具，所以本想给你洗干净，结果由于妈妈的一时疏忽把小白兔的耳朵给洗坏了。妈妈对不起你。’”

“如果当面道歉觉得不好意思，也可通过写信或发短信的方式表示歉意。”

也可以用“如果你是小松，那么嫣嫣该怎么道歉好呢？”等换位思考方法。孩子心里想道歉，可让孩子拿出这个勇气却不是一件容易的事情。不管对方接不接受道歉，当事人必须去道歉。

如果嫣嫣担心“小松不接受道歉怎么办”，这个时候妈妈应该告诉嫣嫣：接不接受是小松的问题，嫣嫣的事情就是向她道歉。承认自己的过错并向对方诚恳地道歉，这是你应尽的义务。

道歉也要讲艺术。如果孩子以“我不是故意的，反正对不起你”之类模棱两可的语言搪塞过去，这种道歉有可能引发不必要的误会。如果勇敢地承认自己的过错并向对方做出真诚的道歉，那么就会收到意想不到的效果，既向对方传达歉意又可以获取对方的信任。父母们不妨在家里做一下模拟训练。

如何向对方传递出自真心的歉意

第一步：道歉的理由

“小松，昨天因为我说错一句话让老师发现你没做作业，现在我正式向你道歉。”

第二步：说明本意

“我真的不是有意让你难堪的，更不是有意向老师告状的。当时我是只说给你听的，真没想到老师也听见了。看来当时我说话的声音还是有点儿大了。”

第三步：道歉

“小松，实在是对不起你。”

孩子的语言技巧

第一步：事先想好道歉内容，然后用简短的语言向对方道歉

如果一味地强调“我不是故意的”，那么，对方很容易误会“这哪里是道歉，明明是为自己辩解的嘛”。所以，道歉首先要明明白白地承认自己的过错，讲清楚自己道歉的理由。但道歉不要太过啰唆，简短一两句即可。

“XX呀，让你被老师训斥，实在是对不起。”

第二步：讲清楚自己的本意绝不是有意让对方难堪

道歉要简短，但必须要讲清理由，否则对方很难接受你的歉意。

“我这么说你也许会认为我是在辩解，可事实上我真的不是故意的。你也知道那天的事情是……”

第三步：再次强调是“谁（我）”“为什么（过错的内容）”道歉

不要用“反正对不起”之类的话搪塞，根据当时事件的真实经过，向对方再次表示由衷的歉意。

“XX呀，是我一时的疏忽让你难堪，我实在是对不起你。”看看对方的情绪，也可以添加一句“下回我会小心的”“我发誓下不为例”等出自内心的话。

05
避免被人排挤的对话法

父母最担心的莫过于自己的孩子成为班里的“傻帽儿”。俗话说“三人行必有一孤”，众人聚在一起因喜好、志向不同往往会出现意见对立的现象，对立加重还会出现拉帮结伙的结果。有些人由于性格孤僻，在这个过程中被人疏远、受人孤立，最终被排挤于朋友群之外。

在孩子群里常有一两个因思维简单幼稚、说话不流利或不靠谱而受众人排挤或被众人欺负的孩子，这种孩子在孩子堆里通常被称为“傻帽”。“傻帽”的形成原因是多样的，有时是因特定朋友或孩子群有意排挤、孤立而成为“傻帽”；有时是因为孩子本人与朋友的性格不合而被疏远、被忽视而得到“傻帽”的外号；也有对朋友的话过于敏感而独自伤心、误会，从而自我孤立于朋友群之外成为“傻帽”。第三种“傻帽”孩子的特点是遇事往往责怪别人。

那么，我们的孩子是不是也属于那种自我孤立于朋友群之外的“傻帽”呢？因过于在乎朋友不经意间的言辞而自我受到心理伤害的孩子，往往不由自主地排斥朋友，将自己孤立于朋友群之外。学生时代孩子们学会交朋友的本事，也学会消除朋友之间小摩擦的本事，可这种孩子却失去这些宝贵的机会。我们应该教孩子学会即使对方想孤立也能不被孤立的本事，更不能让孩子自我孤立于朋友群之外。能否掌握这个本事取决于孩子如何应对朋友们的言语和行动。要让孩子多反思是不是对朋友的言行过于敏感。

孩子受众人排挤，不免有外貌或衣着等外表因素，但也有孩子主观的因素。如果孩子对待朋友的言行令人生厌，那么孩子们很快就给他扣上“傻帽”的外号。要使孩子不被朋友排挤，要使孩子不轻易排挤朋友，关键在于父母，也就是说看父母如何提高孩子的口语表达能力。那么父母该怎样提高孩子的口语表达能力？下面让我们通过小英的故事来了解一下。

小英今天扎着一个漂亮的发圈来到了学校。那是她跟妈妈一起在商场上经过反复挑选后购买的，是带有飘带的发圈。发圈实在是太漂亮，小英高兴得一宿没睡。今天她将头发也扎得特别漂亮，好让发圈更加醒目。看着小英满面喜色，小敏凑近了小英身边。

“小英，你扎的是什么玩意儿？不会是你妈妈的发圈吧？”

听到小敏的话，小英一时不知怎么回答是好。这时，她的耳边忽然响起了妈妈曾经说过的一句话。

“如果有人对你的长相或打扮品头论足，你就不要当面撑她，要沉着冷静地应对她。只要心里默默说一声‘嗯——’或只考虑一秒钟，就可以想出正确的应对方法，也可以留有时间听朋友下一句说什么话。只要以这种方式应对朋友，朋友之间不会发生什么不愉快的事情。”

虽然想起了妈妈的嘱咐，可今天小英还是压制不住心中的火气。这明明不是妈妈的，是自己精心挑选的最称心的发圈，可小敏却如此不屑一顾，小英伤心得眼泪都要掉下来了。可想了片刻之后小英还是沉住气说道：“小敏，这不是妈妈的，是我的。”

“喊，这明明是你妈妈的发圈嘛！”

丢下这一句话小敏甩头走了。小敏为什么这么说，小英怎么也想不通。“这是小敏在嘲弄我，还是出于好奇？分明是我亲手挑选的可她却明知故问，这不是在有意嘲弄我吗？她是在嘲笑我买了一副中年人戴的发圈。”然而，这仅仅是小英自己的推测，事实上小敏是在妒忌小英戴了这么漂亮的发圈，是小敏出于羡慕的一句话。

父母指南

好在小英想起妈妈说过的话并没有用尖酸刻薄的语言回撑小敏。如果当时小英用充满怒气的口吻说“你怎么这样说话呢？跟你说过这不是我妈妈的”，结局会怎么样呢？也许正好中了小敏的圈套，让小敏如愿以偿。事实上小敏是在妒忌小英打扮得漂亮。平时凡是小英戴上新的饰品小敏都要妒忌，就连改换发型也要眼红。

一个孩子被众人排挤，主要问题当然在于那些动不动出谋划策，动员大家排挤孩子的人，但也要反思一下那些被排挤的孩子对他人的言行。先察看一下自己的孩子是不是属于对朋友的一些言行做出过激的反应的孩子，是不是动不动与朋友闹别扭、哭鼻子、大喊大叫甚至向老师告状的孩子。在孩子们的眼里，这种孩子是最适合被人称为“傻帽”的孩子，因为这些孩子一旦有朋友起哄或嘲笑就立刻做出过激的反应（孩子们往往拿对方过激的反应寻开心）。可如果孩子稍作镇静做出沉稳的反应，情况就完全不同了。

反应1：“你别再这样了，要不我就告诉我妈妈。”

反应2：“原来你是这么想的。”

说话要有底气，只要自己没有做错就要理直气壮地做出回应：“够了！”“你觉得有趣，可我觉得没意思。”在受排挤的孩子当中往往有不少的孩子自认为被别人排挤。有的孩子对朋友的一句不经意间说的话感到十分委屈。

小英之所以能够做出适当的回应，正是因为她平时与妈妈经常进行对话。不少孩子一旦上小学就开始三五成群地拉帮结派，公然排挤不属于自己一伙的同学。

小孩子之间闹别扭本来是个微不足道的小事情，可由于他们年龄小往往经受不住受众人排挤的打击，从而不肯上学甚至失去学习兴趣。这对我们父母来说都是亲身经历过的事情。

小英妈妈也是从小性格内向、敏感的人，所以只要有人说自己什么事她就疑神疑鬼、耿耿于怀。正因为有过这样的经历，所以小英妈妈平时经常与女儿小英进行这方面的对话练习。

遇事不慌张沉着机智应付的方法

“如果朋友对你的长相说三道四，你的心情会怎么样？”

“如果你面对对方露出过激的表情，对方会有什么想法？”

“那个朋友对你说过激的话是有意为之，想看看你的反应，而你恰恰中了他的圈套用过激的语言回 ，这时朋友是不是觉得很开心？”

如果小敏以激怒小英的目的做出了某种行为，而小英恰恰用过激的语言来回撑，那么小敏会为小英正中下怀而暗自庆幸，进而更加嘲弄小英。

我们有必要像小英妈妈那样平时经常与孩子进行有关“傻帽”的对话。孩子们没有什么犯罪意识，只是为了“开心”或“好玩儿”把一个孩子排挤在外。当然杜绝霸凌行为是校方的首要责任，可话说回来要使自己的孩子在学校免受排挤，更离不开妈妈对孩子的关心。要想避免孩子受到同学们的排挤就要努力提高孩子的表达能力。我们还要刻意培养孩子的心理素质，使孩子养成即使有朋友向你开过分的玩笑你也能坦然去接受或一笑了之的大度气质。

当我们的孩子受到排挤时，我们的父母要做的不是跟在孩子屁股后面去阻止朋友们的排挤行为，而是教自己的孩子学会在那种状况下抵制排挤、自我保护的本领。这就需要我们提高孩子的语言表达能力。在突发情况下保持冷静的心态并以平稳的口气应对所面临的情况，不是一件容易的事情。只要父母与孩子经常对话交流，我们会得到意料之外的效果。因为语言是自我保护的最好的武器之一。

孩子的语言技巧

①当朋友取笑时不立即做出反应，而是盯着朋友的眼睛

再气愤也要保持冷静。

不要怒目以对，也不要粗声粗气，只是舒展一下胸脯。

“你们看看，他要哭鼻子啦”，“我什么时候哭过，我不会哭的。”（×）

（心里默念三遍）“沉着，沉着，再沉着。”（√）

②在朋友还没说完之前不要随意猜测别人的意图

“什么？我的发圈怎么啦？这不是我妈妈的！”（×）

（认真听完之后）“你为什么那么想呢？”（√）

③好好斟酌朋友说的话，然后再做出回答

“哦，原来是这样。”

“是的，我听明白了。对于你说的这些我会好好考虑的。”

怎么跟他们说？”

小霞想得太多，最终还是垂头丧气地回家了。

过分追求“万无一失”的孩子，其实他们知道自己性格过于敏感。为了不受到来自对方的“情感伤害”，他们只好以谨小慎微的态度来保护自己脆弱的“玻璃心”。如果对这样的孩子说：“你应该主动邀请朋友们跟你聊天。像你这样总是希望朋友们先跟你聊天，什么时候才能交朋友呀？”那么对孩子的成长不会有什么帮助的。对于内向的孩子，该如何教他们学会交朋友时适用的交际语言呢？

父母指南

孩子想跟朋友们一起玩儿往往先向朋友们说：“我们一起玩儿好吗？”可内向性格的孩子总是怕字当头不敢主动向朋友打招呼，于是天天形单影只地回到家向妈妈诉苦：“妈妈，他们把我一个人排除在外，自己却聊得那么欢。”如果孩子放学回来问妈妈：“妈妈，朋友们聊天的时候我凑上去插嘴也可以吗？”面对这样的问题，当妈妈的该怎么回答呢？这是所有的妈妈普遍担心的问题。

“孩子这么内向如何是好？”

“孩子在学校里连一个朋友都没有，这可怎么办？”

“孩子都这么大了还不敢跟同学们聊天，看同学们聊天也不敢插上一嘴。”

妈妈伤心之余很有可能说出一些气话，使孩子的心再次受到伤害。

"朋友们聊天你在旁边都干什么了？为什么没有插上一句？说了多少遍要改变那种性格，哎，真愁人！"

在外面交不上朋友其心情已经够糟糕的，如今就连唯一能够对话交流的对象——父母也这么说，孩子只会觉得自己已经在家里家外完全被孤立，再也找不到能够与之说出心声和交谈的对象了。

现在我们就跟孩子一起做一下对话练习。

妈妈："同学们一起聊天时把你一个人晾一边？"

孩子："嗯，妈妈。"

妈妈："那个时候该怎么办好呢？你觉得该怎么办？"

孩子："很想凑过去问一问'你们在聊什么呢？'，可我就是开不了口。"

妈妈："开不了口？不知道说什么好？如果你主动过去跟他们搭讪，你觉得他们会做出什么反应呢？"

孩子："是啊，我觉得他们不会当面拒绝我。"

我们可以通过这样的对话逐步打开孩子的心扉。因为孩子过于胆小遇到那种场合不知说什么才好。

这是听起来十分憋屈的事情。然而，这也是我们成年人群体里经常发生的事情。不管是什么群体，实际上进去一看也没什么稀罕的，只因自己置身群外就觉得那个群体是那么神秘、有趣。根据每个人性格不同，有自然而然融入群体的人，也有驻足观望迟迟难以入群的人。

孩子也一样，每个孩子都有自己的夙愿。父母不应对孩子说“你必须这么做，这样才能培养交际能力。你现在过于内向，必须改变这个毛病”之类的话，而应通过对话了解孩子所期盼的东西。只要通过对话了解孩子的心理活动，孩子也能更准确地把握自己所期待的东西。

“妈妈，听你这么一说我明白了。没必要非要交那么多朋友，他们是他们，我是我。”

“下次我想玩就跟他们说，要不我就一个人在家看书。一个人看书也挺好的。”

“妈妈，朋友多当然好，可我觉得有小洙和小河两个知心朋友就够了。”

重要的是，当孩子提出某一话题的时候，我们父母不一定非要给孩子回答，而是通过对话让孩子寻找自己所期望的东西。这也是引导孩子走上正确的人生道路的一种方法。现在孩子还小，他们还不能准确地表达自己所期望的东西，问他理想之类的东西他们也会感到十分茫然。要让孩子具体地勾勒出自己的想法，只需几次对话就完全可以做到。

<TIP>当孩子想融入朋友圈的时候

1. 仔细了解孩子的愿望是什么。
2. 经常向孩子询问，使孩子掏出心里话。

“当时你最想做的是什么？”

“怎么做才能最合你的心意？”

融入朋友群里共同玩耍固然是好事，但孩子们的想法都不同，有些孩子喜欢看朋友们玩耍，有些孩子更喜欢独自一人玩耍。

先向孩子询问“跟妈妈练习一下与朋友搭讪的方法好吗？”，然后根据孩子的意图进行对话练习。

如果孩子想跟朋友们一起玩耍

“你不妨到朋友那里去问：‘你们好。你们在玩儿什么？看上去你们玩儿得很有意思。加上我一起玩儿好不好？’”

虽然很羡慕朋友们结伴玩耍，但没有他们也无妨

或者用跟妈妈玩代替与朋友玩耍

“你说跟妈妈聊天后心情变得好多了，这真是一件幸事。”

“也不一定非要跟朋友一起玩儿，跟妈妈一起玩儿也不是不可以的，就看你的心情怎么样。想跟朋友们一起玩儿就主动去搭讪，想看看朋友们玩耍就凑过去欣赏他们玩耍的情景。”

孩子的语言技巧

①自我诊断心理状况

自问自答

“想跟朋友们一起玩儿？看朋友们玩耍心里是不是很羡慕？”

“看他们一起玩耍确实很羡慕，但让我跟他们一起玩儿还有点儿不舒服。不如我一个人看书画画或玩贴纸。”

②寻求妈妈的帮助

“妈妈，朋友们一起玩儿的样子真好看。”

“可他们并没有邀请我一起玩儿，我心里有点难过。”

“妈妈，遇到那样的场合我该怎么跟他们搭讪？”

③想跟朋友们一起玩耍的时候

凑过去主动与他们搭讪

“同学们好，加上我一起玩儿好吗？”

“看你们聊得那么欢，让我也一起聊呗？”

如果不愿意引起大家的注视，那么也可以向其中的一个朋友搭讪

“你跟大家说说让他们带我一起玩儿好吗？”

④当没有勇气靠近朋友群的时候

先自我安慰“这次不敢说，那就下次再说吧”，然后去做自己喜欢做的事情。

⑤被朋友拒绝的时候

先自我安慰“看来他们之间有什么谈得来的东西”，“我也有自己的知心朋友，不要因他们拒绝而伤心”，然后把心思放在其他事情上。

07 成为可靠朋友的方法

小林最近陷入苦恼之中。同班同学陶陶既会说话也善于倾听，因此在班里拥有不少小跟班。可最近发生了一件事情，陶陶在学校打开话匣子长篇大论的时候，不小心说了一句不该说的话。

几天前小蓝曾向陶陶说“我最近很讨厌小英”，不料陶陶当着众多朋友的面不小心向小英说了一句：“小英，不知怎么的，小蓝说你很讨厌。”听了这话，小英顿时皱起眉头问她这是什么意思。后来得知这件事，小蓝觉得自己被陶陶出卖了，跟小英的关系也变得生疏了。

“妈妈，所以我们班同学都不愿意跟陶陶说话。陶陶、小英、小蓝都是我们同班同学，我真不知道该怎么办好。”

“看来我的小林遇到了一个难题。说漏嘴的陶陶，被陶陶揭底的小蓝，看透小蓝内心的小英，看来她们的心都受到了不同程度的伤害。”

“嗯，所以我现在很难过。陶陶虽然有可怜的一面，但是不能为朋友保守秘密也有一定的过错。”

“你的心情我完全可以理解。两个人相处的时候什么事儿都好说，可三个人以上相处的时候往往会发生那样的事儿。所以，对于人家的秘密最好不要说出去，哪怕是对最好的朋友。首先最好不要打听人家的秘密，更重要的是不要随便讲不在场的朋友的事情。妈妈上学的时候也曾有过类似的事情，想不想听？”

小时候妍妍（妈妈的名字）有过小朱和珠珠两个好朋友。有一天，妍妍向珠珠讲了几天前到小朱家串门的事情。

“我昨天到小朱家去玩了。她家里有很多新买的布娃娃，她的小房间也比以前收拾得干净多了。我真羡慕小朱。”

“噢，你昨天去过小朱家了？”

“嗯，是没有约定偶然间去的，真有意思！”

听到这句话，珠珠顿时拉下了脸。原本与小朱约好第二天见，可小朱突然说明天有事儿改天再约。“她说明天有事儿是骗我的？”“难道她想只跟妍妍好？”“妍妍比我还好？”“妍妍为什么跟我讲这些话？真讨厌！”

珠珠的心情顿时变成一团乱麻。可后来才知道小朱那天原定跟着父母去亲戚家的事情被取消，在路上偶然遇到了妍妍，所以才领着妍妍一起回家的。原来珠珠只听妍妍单方面的言辞便误会了她们俩的事儿。

妍妍的一句话引发了天大的误会。从那以后珠珠连着好几天疏远小朱，小朱说什么话也似听非听，态度十分冷淡。虽然一周以后双方知道了这是一场误会，可她们俩的关系还是比以前生疏了。

听了妈妈讲的故事，小林陷入了沉思。

“哦，对了，还有一件事没跟你说。妈妈，不久前发生了这样的事儿。别的班的一个孩子对我的朋友说：‘我听说你爸爸妈妈吵得很厉害？’原来是去过我朋友家的一个孩子把我朋友父母的事情全盘透露给其他孩子的。现在那两个孩子连话都不说了。”

父母指南

我们要提醒我们的孩子，在三人以上的群体中说话要特别小心，千万不要背后议论别人。别看有十几个同学组成一个朋友群，可他们并不是天天都在一起玩儿的，有时甲乙两个人一起玩儿，有时甲乙丙三个人一起玩儿，有时甲和丙一起玩儿，有时乙和丙一起玩儿。这就会出现不经意间背后议论他人的现象。我们一定要告诉孩子们，当群里的某一个朋友不在身边的时候千万不要议论他的事情，不管是好话还是坏话。即使议论的是他的好话，当事者还是会感到不快的。

有句俗话叫“三人成虎”，意思是有三个人谎报市街上有老虎，听的人就信以为真，然后一传十十传百，最后假话就变成真话。别小看一两句假话，如果假话成为众人口中的传言，就会使很多人蒙受损失。

也许编造假话的人只是为了逗乐而说的，可就是因为这一句“逗乐”，有人就有可能成为砧板上的鱼肉——任人宰割。只要有人在背后谈论自己，任何人都会感到不快，不管人家说的是什么内容。因此，要向孩子举出多方面的例子具体地说明背后议论的坏处。

不要背后议论别人

“即使说别人的好话也要注意。如果你在背后说一个孩子的好话，有的孩子会高兴地说：‘是吗？你说得对，真正的表扬就是背着本人说的。’可有的孩子却会拉下脸说：‘就是好话也不要背着我说。’”

“由于每个人的性格不同，接受他人评价的态度也不同，因此，最好不要在背后议论别人。”

“议论不在场的人很容易被当事者误认为‘说我的闲话’。背后对某一个人说三道四，换作谁都不会高兴的。因为‘闲话’本身就是含有贬义的词，因此背后说闲话可以看成是诋毁别人的一种行为。”

我们的孩子不管是交朋友还是与人对话都需要学会很多处世之道。步入社会以后随着人际关系的扩展经常会遇到被人误会的情况。如果我们的父母教孩子将这些误会最小化，那么，不仅是我们的孩子，就是别的孩子也会少受伤害，从而达到人与人和谐共存的目的。

如何成为可靠的朋友

1. 绝对不说别人的闲话。
2. 不议论不在场的人。
3. 与某一个人对话的时候只忠实于对话的对象。

孩子的语言技巧

①不说不在场人的闲话

“我看他（她）不怎么样。”（×）

“你也听说过他（她）的事吧？”（×）

②如果朋友议论别人，或者转移话题，或者表示不关心

哪怕只是听朋友议论别人，你也会被那个人误会。

③不听只给我透露的秘密

说是只告诉我一个人，其实他还有可能透露给别人了。不仅如此，尽管没有外传，但其秘密一旦被公开，我也会成为泄密的嫌疑人。

当有人向我透露一个秘密并说“这件事你自己知道就行啦”的时候

“朋友，我不想听别人的秘密。听了别人的秘密，我心里不舒服。”

④两个人之间的事最好不要与其他人分享

即使两个人之间的事情是值得宣扬的事情或是跟别人没什么关系的事情，也不要在人多的场合下轻易说出来。

“咱俩昨天吃的冰淇淋多么好吃呀！”（×）

⑤知道别人的什么事情，不管是好事还是坏事，都不要转告别人

“有个同学告诉我说，自己每个月拿五万韩元零花钱，他说这是自己的秘密，不要告诉别的同学。也许他不想让别的同学知道自己零花钱的数额。因为我们无法知道别人的内心想法，因此，我们不能轻易地告诉别人自己所知道的他人秘密。”（√）

“他说那个书包是他爸爸从国外买来的。他还说他爸爸经常出国，给他买了好多国外的东西。”（×）

“他说他从妈妈那里每个月拿五万韩元零花钱！”（×）

※ 也许会产生副作用

拿很多零花钱的事情一旦被公开，那个同学有可能陷入尴尬的境地。

“我听XX说，你每个月拿很多零花钱？给我买点零食吃呗。”

“听说你每个月拿五万韩元，还这么抠呀？真是个小气鬼！”

08 遭到朋友拒绝时的应对方法

“加我一个吧。”

“不行，人已经满了！”

好不容易向朋友求情却只一句话便遭到拒绝，羞得小敏耳根都发红了。遭到拒绝已经够没面子，在众多同学面前耳根也发红，简直丢人丢到家了，小敏简直觉得无地自容。只是装出一副若无其事的样子说一声“是吗”就能过去的简单的事情，对小敏来说就是做不到，急得眼泪都快流出来了。

“真傻，真傻……”

小敏连连责怪自己，忽地转过了身，由于用力过猛差一点儿摔倒在地上。

“小敏，下次一定加你。回家以后我给你发短信。”

小静在身后向她道歉，可小敏装着没听见头也不回地走了。小敏只觉得此时的小静十分讨厌。

“哦，这个游戏挺有意思的，我也想玩儿。”

“你不行！”

小成是个性格开朗的孩子，见对方拒绝，他再次请求道：“我怎么不行？加我一个，我也想跟你们一起玩儿。”

“你不太会玩儿这个游戏，你加进来，我们队非输不可。”

“是吗？真的？那好，你们玩儿吧。好好干，别输给他们。”

小成恋恋不舍地转过身回家了。

同样是遭到拒绝，既有像小成那样不以为然很容易就让事情过去的孩子，也有像小敏那样觉得丢人现眼两眼泪汪汪的孩子。被人拒绝会产生一种不愉快、消极的情绪，而这种情绪所导致的心理阴影是很难在短时间内消除的。如何对待这种情绪，不同性格的人有不同的对待方式。

小敏妈妈的对待方式

回家后，小敏扔下一句“明天起我不做课外”后，躲进自己的房间。妈妈跟在她的屁股后面问道：

“怎么啦？为什么不做课外？”

“我不想去。我讨厌她们。妈妈你让我一个人待一会儿，我烦得很。”

通过对话，小敏妈妈好不容易弄明白了事情的缘由。那么小敏妈妈是怎么说服小敏的呢?

“那不是因为游戏活动人员已经满了吗?就这么点儿事情有什么可生气的呀?”

“什么叫这么点儿事情?算啦，反正跟妈妈说不通。”

妈妈原以为女儿遭到朋友们的排挤，可知道事情的真相之后说了一句“这么点儿事情”。可从小敏的角度上，本以为向妈妈诉苦妈妈能说几句安慰话，结果没有得到半句安慰话。

小成妈妈的对待方式

小成妈妈对儿子的事情做出什么样的反应了呢?

“回来这么早呀?不是说跟朋友们玩儿一会儿吗?”

“他们说我游戏玩儿得不太好把我剔除出去了。玩不了游戏就早点回家嘛。”

小成掐头去尾简短地做了说明。刚才在朋友们面前说得那么爽快，可回家的路上他一直耿耿于怀。

“怎么，就剔除你一个人?他们这是怎么回事呀?”

就像小成说话掐头去尾一样，妈妈也没问事情的前因后果。过一会儿，妈妈又回到儿子的房间，看到儿子不做作业只玩儿游戏，便说:“你看看你这样子，朋友们喜欢你才怪了。”

父母指南

孩子在学校某种活动中遭到同学的拒绝，最难过的莫过于孩子的父母。所有父母都希望自己的孩子在学校是最具人气、最受欢迎的孩子。我的孩子伸出一只手，千万个孩子拥过来热情地握住他/她的手，这是父母们的期待。可现实中会有这样的人生吗？

孩子们也是在无数次遭人拒绝、心灵受伤的过程中长大的。有句俗语讲得好：当进则进，当退则退。意思是说该入群就入群，该退群就退群。我们的孩子要是具备这种审时度势的眼力见儿就再好不过了，可他们毕竟还小，有时不知天高地厚地乱顶乱闯，结果弄得头破血流。有时自认为理所当然会被对方接受，却被对方一句话拒收。这一切就是孩子的成长过程。

由于孩子们涉世未深，未曾尝到世间的酸甜苦辣，所以一旦在心理上产生阴影，很难在短时间内消除。这就需要由父母为孩子进一步升华情感世界。

孩子被人拒绝时父母该怎么做

“别灰心，既有合得来的朋友，也有合不来的朋友。”

“兴趣爱好不同，即使是朋友也很难玩到一块儿。”

“有些情况下人家是愿意带你一起玩儿的，可有些游戏是有人员限制的，如果人员已经满了，那当然不能加你。”

“朋友拒绝了，并不意味着他们不珍惜你。”

“那就跟妈妈一起玩儿呗！”

如果孩子经常遭人拒绝，父母该如何帮助呢？如果我们的孩子不会把握当时的状况，既没有眼力见儿也没有存在感，那么朋友们自然不会主动找他参与他们的活动。如果孩子对朋友群没有多大的兴趣，也不在乎朋友的存在，就不用过分担心，可让孩子顺其自然。但是，如果我们好好观察那些受欢迎的孩子的特征并将他们的那些优点传授给我们的孩子，那么对孩子的成长会有很大的帮助的。

受欢迎的孩子普遍都是善于交际、性情活泼、能言善辩、容易共鸣、善于协作、遵守规则的孩子。换言之，就是很有影响力的孩子。由于这样的孩子具有强烈的存在感，所以同龄朋友们都喜欢围在他的身边。

再看看我们的孩子。我们的孩子即使不具备那些优点也无所谓，只要引导孩子珍惜自己，适时把控行为和情绪，努力遵守各项规则，及时完成各种作业，保持良好的学习成绩，也可以成为受众欢迎的好孩子。有了这些长处，朋友们自然就会走到孩子的身边。

“谁都有被人拒绝的时候”，“为那点儿事伤心不值得”，“任何时候都要自信”，“学习、运动、趣味等方面稍加努力，就完全可以与朋友们融为一体”。父母要多给孩子鼓气，好让他们从小培育自信心。

这里需要注意的是，当孩子遭到拒绝回家以后，首先要安慰孩子受伤的心灵，然后再说一些鼓励的话。

孩子的语言技巧

1.被人拒绝时该怎么说

“好嘛，把我晾一边你们自己玩儿呀？”（×）

“哦，人手已经凑够了？”（√）

“好吧，你们好好玩儿吧。别忘了下回加我哟。”（√）

2.调整心态，不要感情用事

“哼，真小心眼儿。那破游戏谁不会玩儿呀。你们自己玩儿个够吧！”（×）

①认可：“参与这场比赛，我的水平实在是有限。”

②宽容：“再练一练我也差不多。”

“好的，下次再跟你们一起玩儿。祝你们玩儿得开心。”

③自信：“这不是他们讨厌我，也不是有意排挤我。”

3.心里想着“被人拒绝是正常的”

“看来你我的爱好不同啊。”

“看来我们想的不一样呀。”

“我想跟你玩儿（我的想法），可你并不想跟我玩儿啊（他的想法）。”

调整心态：“既然这样，那我就跟喜欢我的朋友一起玩儿。”

第三章

备受老师和大人喜爱的孩子的表达力

01
善于表达谢意和爱的孩子

“哇，今天做了我喜欢吃的菜呀！”

看着餐桌上的炒菜，二姑娘说了一句。孩子吃得津津有味，可就是不说一句“真好吃”“谢谢妈妈”之类的话。妈妈忽然间意识到“我这姑娘是不善于表达的孩子啊”。也许是气质的原因或者是性格的原因，还真有一些孩子从小就不爱表现自己心中的谢意，在他们的嘴里很难听到“谢谢你”“我爱你”之类的话。遇到什么高兴事儿，最多也只是一笑而过。到底好在哪里，想要的东西到底是什么，他们从来不细说，弄得父母也不知如何是好。今天还算不错，二姑娘总算说了一句“我喜欢吃的菜”。

与二姑娘相反，大姑娘则是表现力非常出众的孩子：“妈妈，你做的菜太好吃了，妈妈真是高级的厨师呀”，“非常感谢你”，“我高兴得简直要飞起来了”。大姑娘夸张的表现力有时甚至让妈妈不敢相信：“到底是真的还是假的？”与之相比，不善言辞的二姑娘偶尔说的一两句话让人感觉真实、诚挚。妈妈觉得两个姑娘各有千秋，至于二姑娘不善表达她并没有十分在意。可孩子上小学以后，妈妈的想法发生了一些变化。

在学校里，孩子会接触很多朋友，而这些朋友的性格千差万别各不相同。有阳光开朗的孩子，有面无表情的孩子；有能言善辩的孩子，有沉默寡言的孩子；有对于他人的话善于给出回应、不吝于表达赞美的孩子，有鲜少赞美但少年老成的孩子……尽管如今是多样化的时代，可妈妈心里知道，比起沉默寡言的孩子，那些善于响应周边人、善于表达自己心情的孩子更受人们的欢迎，更被社会认可。

看到二姑娘只说一句“我最喜欢吃的菜”之后面无表情地动筷子，妈妈心里不禁产生了一丝忧虑。周末，妈妈心怀这种忧虑带着孩子去了奶奶家。那天，奶奶为孩子们的到来准备了好多零食。

奶奶：这是奶奶为我的公主们准备的零食。

大姑娘：（搂着奶奶的脖子）哇啊，奶奶最好，为奶奶点赞！这些零食看着都流口水了。谢谢奶奶！

二姑娘：还有别的吗？

要是在平时，这是司空见惯的对话，听听也就过去了，可今天妈妈的神经绷紧了。看到奶奶准备的零食，第一句话理应是“谢谢”，可二姑娘却问“还有别的吗？”。

妈妈：应该先向奶奶说声谢谢。

二姑娘：谢谢奶奶。

奶奶：哎哟，我的公主，奶奶也谢谢你！我说他妈，你就别为难孩子了。

妈妈：妈妈，现在开始得改掉坏习惯。

奶奶：来来，我的公主们看看这个，这里还有一件礼物。这是爷爷出门之前给你们留下的零花钱。

二姑娘：啊，爷爷给我们零花钱啦？

奶奶：是的。先让妈妈保管，需要的时候向妈妈要。

妈妈：您二老这是何必呢……为准备这么多零食您老辛苦了。拿到零花钱得赶紧说声谢谢呀，愣着干什么！

每个孩子都具有不同的气质

有阳光开朗的孩子，也有沉默寡言不善表达自己心情的孩子。可不管什么性格的孩子，接到礼物的时候能够表示谢意的孩子，做错事的时候能够表示歉意的孩子，才能受到朋友、老师、长辈的喜爱。对这样的孩子，谁都愿意多给他几件东西，多说他几句好话。长辈们常说：“孩子有礼貌，哪怕现找东西也想送给他。”可对不善表达自己心情的孩子会怎么样呢？

“奶奶给你准备了零食你应该说声谢谢呀。”

“我不是说过嘛。”

“什么时候说过？”

“我问过还有别的什么东西。”

原来孩子是把“还有别的吗”的问话当成谢意的。虽然也有气质上性格上的问题，可对这样的孩子来说，还真需要提高语言表达能力。

“这句话怎么能表达谢意呀？应该明确地表达谢意，说一声谢谢有那么难吗？”如果以这种方式强行让孩子“表达谢意”，孩子就有可能产生逆反心理，从而适得其反。我们首先要认可孩子的气质，然后想方设法给孩子提供表现的机会，尽量让孩子自觉领会表达谢意的含义。只要我们带着孩子经常练习，孩子完全可以改变固有的习惯。

父母应该有意识地起到示范作用。让我们再看看奶奶家里的那一场对话。仔细分析，我们就可以发现其中的问题，并得出改变的方法。

父母指南

对话中有一个奶奶给两个孙女准备零食和零花钱的片段。小孙女因没有及时表示谢意，被妈妈说了两句。现在我们看看当时妈妈是怎么说的。

“您二老这是何必呢……为准备这么多零食您老辛苦了。拿到零花钱得赶紧说声谢谢呀，愣着干什么！”事实上，妈妈也没有向给孩子们准备零食的婆婆说过“谢谢”。她只是说了“何必呢”“辛苦了”两句话。妈妈还跟孩子说了一句话“拿到零花钱得说声谢谢呀”。作为孩子的妈妈也应该向婆婆说声谢谢，可妈妈自己不说却把这句话推到孩子身上。妈妈为什么没有向婆婆说“谢谢”一词呢？现在我们猜测当时妈妈可能不好意思向婆婆说一声谢谢，于是让孩子替自己向老人说出“谢谢”一词。实际上这是我们平时经常看到的语言习惯。

有一次，我以黄昏育儿专家的身份参加一场爷爷奶奶们的演讲会，在那里我同样碰到过类似的事例。

“我们辛辛苦苦帮他们看孩子，可他们连一句‘谢谢’的话都没有。他们只是说‘辛苦了’‘受累了’‘添麻烦了’之类的话，就是不说‘谢谢’两个字。向老人说句‘辛苦了’‘受累了’就完事了吗？哪有这样半心半意的感谢词？我们是倾注所有的爱心为他们照看孩子，可每每听到这样的话，心里就不是滋味。”

在老人们听起来“您辛苦了”这句仅仅是女儿或儿媳敷衍应付的一句话，或者说仅仅是对我们付出的一种评价。的确，“辛苦”一词与出自内心的“谢谢”有一定的差别。

在后来的父母演讲会上，我问过那些将孩子寄托在婆家或娘家的父母，大多数父母由于已经习惯了表达谢意，因此，“妈妈，谢谢您。您是最好的妈妈”“妈，谢谢你，我爱你”等语句脱口而出。可也有一些还没习惯的父母，他们虽然心里有无尽的谢意，但就是说不出来。是的，一开始谁都感到一丝不自然，可有意识地付出努力，就会自然而然地说出来的。这就是语言习惯的力量。

我最尊敬的高道源董事长①在他的《高道源晨信》节目结束的时候，每天都会在晨信（电子邮件）的结尾处添一句“我爱你们，谢谢”。我已经好几年坚持看他的《晨信》，早已被他的礼貌用语所熏陶，因此每次读他的《晨信》的时候都用大声说一句：“我爱您，谢谢您！”由于每天早上坚持读充满爱心的《晨信》，如今我不管在什么时间什么场合都不由自主地说出“谢谢”“我爱你”等礼貌用语。

不管是家里还是家外，我们应该使用这些充满爱心和谢意的话，尤其在家里多使用，好让孩子们朗朗上口，耳熟能详。要想把自己的孩子培养成一个充满爱心，随时随地都能表达谢意的孩子，那么从现在开始，在日常生活中多说“谢谢”“我爱你”两句话吧。

如何表示谢意和爱

“妈妈，爸爸，今天吃得很香，谢谢。”

“妈妈，爸爸，祝您晚安。我爱你们。”

“爷爷，奶奶，您二老真好。我爱你们。”

---

① 高道源董事长：韩国作家、韩国晨信文化财团董事长——译者注。

孩子的语言技巧

1.在日常生活中父母要以身作则

有些孩子向对方问候的时候特别腼腆，声音小，还爱脸红。对那些孩子不要强求，我们当父母的应该以身作则，起到榜样的作用。父母以身作则，这是我们耳熟能详的一句话。现在我们做一下半心半意的表达方式再添加那一半的半心半意，表达完整的谢意和爱心的练习。不管是敬语还是平语，在表示爱心和谢意的话语前后最好加上对方的称呼，如“爸爸”“妈妈”“老师”等。

①对妈妈、婆婆致谢的时候

“妈，看孩子很累坏吧？你这么帮我，我真心感谢你，妈。”

“妈妈，为照顾孙子您辛苦了。感谢您，妈妈。”

②与家人一起吃饭后

“哇啊！今天吃得真香。”（50%）

“亲爱的，吃得好香好香，谢谢。亲爱的，我来收拾饭桌。”（100%）

③当孩子跑完腿回来的时候

“嗯，端来了吗？好样的。”（50%）

“嗯，水端来了？好，谢谢你，女儿。”（100%）

④给配偶和孩子说的爱心话、感谢话

“亲爱的，天天上班够累的吧？你这么辛苦我真感激你。我爱你。”

“谢谢你把那件事说给爸爸听。我爱你。”

2.教孩子学会礼貌用语

①餐桌上

吃饭前：“爸爸妈妈，咱们一起吃吧。”

“爸爸妈妈，您二位好好享用。”

吃饭后：“妈妈，我吃得很香。谢谢。我把空碗放在水槽里面。”

应朋友的邀请到他家吃饭时

“今天的饭菜真好吃！我吃得很好。”

不要把朋友的父母（长辈）为你准备饭菜看成是理所当然的，你应该表示真挚的谢意。

②向爷爷奶奶表示谢意

“奶奶，谢谢您给我做了我最喜欢的零食。我会好好享用的。”

“爷爷，谢谢您给我零用钱。”

③向给我念书的父母表示谢意

“爸爸，谢谢你给我念书。爸爸这么一念，比自己看更有意思。”

④在教室或在放学的时候向老师表示谢意

“老师，谢谢您今天也教得这么好。我爱您。”

“老师，托您的福我今天也学到了很多东西。谢谢您。”

⑤要习惯性地讲“对不起（抱歉）”“谢谢”“我爱你”三句话

“老师，今天我不小心做了XX事，真的对不起。”

“爸爸妈妈，谢谢。”

“爸爸妈妈，我爱你们。”

02 希望征得对方同意时的对话技巧

“老师发的复习资料都收到了吧？如果写错了需要再拿一份的同学向老师说一声。”

不一会儿，有两个孩子一前一后来到了讲台前。

孩子A：（伸手抓一份）“老师，我要再拿一份。”说完不等老师答话就拿走。

孩子B：（望着老师）“老师，我写错了。我可以再拿一份吗？”

老师：（递给孩子）“嗯，可以。拿走吧。”

孩子B：（接过老师递给的资料）“谢谢您。”

两个孩子同样需要复习资料，可他们的态度却各不相同。看似两个孩子都得到老师的允许后拿走了复习资料，可他们之间存在着很大的差异。从老师的角度上看应该更喜欢哪个孩子呢？孩子A有可能被看成是没礼貌的孩子，若是遇到急性子的老师很有可能陷入尴尬的境地。

“XX同学，你应该等到老师答应以后拿走呀？”

“老师，我刚才不是已经跟您说过了吗？”

“那也应该听到老师的回答以后再拿走啊！”

老师明明说过“需要再拿一份的同学向老师说一声”。如果老师说的是“备用资料放在讲台上了，有需要的同学自己拿去”，那么孩子A没什么错误。可理应在得到老师的答应之后才能拿走的情况下只说一句“我拿走行吗”“我可以拿走吧”“我拿走啦”然后随手拿走，这也算是得到老师允许的吗？

这是大人也经常犯的错误，因此孩子应该从小就培养良好的语言习惯。如果你观察我们周围，你会发现这种失误比比皆是。

看到一个孩子手拿新款手机，旁边的孩子说一句“这部手机真不错”便一把夺过去随便摆弄，此时手机主人的心情会是什么样的呢？

“他为什么不经过我的允许夺走我手中的手机呢？”

“要是摔坏了怎么办？”

可夺走手机的孩子却不这么想，他认为自己说的一句“这部手机真不错”就是“让我摆弄一下”的意思，或者是已经向主人征求允许的意思。如果手机主人提出抗议“你怎么没有我的允许随便夺走我的手机”，那个孩子反倒会不高兴地说：“我刚才不是说这手机不错吗？”他认为前面说的那句“这部手机真不错”已经代表了“我可以拿过来摆弄一下”的意思，甚至还会说：“不就是一部手机吗，有什么了不起的。”用这种语言和态度对待朋友，很容易导致两个人的纠纷。

在家庭没有学会向对方征得允许的孩子到了社会上照样不会征得别人的允许，他们认为所有人都会像家里的爸爸妈妈爷爷奶奶那样对自己做出让步。如果对方不允许，他们反倒觉得委屈，说对方是“抠门儿”“小心眼儿”。

我们的孩子所接触的人不一定都是老实憨厚、善解人意、心胸宽阔的人。不管是什么性格什么情况，与人和谐相处的最好的方法是礼貌相待、文明交流。

如果是同样的意思，尽量使用肯定的语气来表达

在人际关系中最重要的是举止谈吐。在征得对方允许之前，不要轻率行动，还要注意说话的语气和表情以及分寸。

同样一句话，既可以用负面的语气来表达，也可以用正面的语气来表达。征得对方允许时也一样，有使用否定语的孩子，也有使用肯定语的孩子。即，有的孩子满不在乎地问：“怎么啦？我摸一下不行吗？”有的孩子却郑重其事地问：“我能不能摸一下？”“摸一下不行吗”给人以傲慢的感觉，“能不能摸一下”给人以谦逊的感觉。因此，征得允许尽量用温和谦逊的语气来表达。

虽然存在着微妙差异，可对语气正面的孩子，人们的回应肯定

也是正面的。语言表达上的这些微妙的差异孩子们很难自觉领悟，需要父母的帮助和引导。

平时对孩子说话的时候，我们尽量用正面的语气来对话。即使孩子不能每次对话都用正面口气来交谈，父母也不要担心。从父母的立场考虑，肯定希望自己的孩子不管在什么场合下都用正面语气来说话，可偶尔用“不行吗？”的语气来问也没关系，因为当你说话时，表情也很重要。

父母指南

简单的一句“啊”也包含着多种情感。我们在领悟到某一道理时喊出“啊……”，心里烦躁时候也喊出“啊！”，反省或为难的时候也喊出“啊……”。一句“啊”随着口气、表情、态度的不同所表达的内容也不同。我们要让孩子懂得一个字也包含着多种感情的道理，并将这个道理结合表达能力来引导孩子学会用适当的口气征得对方允许的方法。

父母要经常跟孩子聊一聊征得对方允许时候的正确交流方法。

爸爸：当你想吃摆在爷爷面前的零食，你该怎么说呢？

孩子：我会向爷爷请求，“爷爷，我吃一块这个饼干可以吗？”

爸爸：可爷爷还没点头，你先拿走一块饼干会怎么样呢？

孩子：嗯，应该是等到爷爷说一声“拿去吃吧”以后再拿过来。我说得对吧，爸爸？

爸爸：说得对。等到爷爷点着头说一声“当然可以，快拿去吃吧”之后，再拿过来吃。别忘了还要说一声“谢谢爷爷”。

允许意味着对方已经接受提出者的请求并表示同意，也就是对方向提出者表示“可以那么做”的意思。所以，我们向对方提出某种请求之后，必须等到对方说出“可以吃”“可以摸”“可以做”等允许的话语之后，才能做出行动。

“我可以拿走一个吗？”

“嗯，你可以拿走。”

一定要明确地告诉孩子，只有对方答应了才算真正得到了对方的允许。有些时候仅口头答应还不算，还要等到对方亲手拿起来塞到你的手里。

向对方征得允许的步骤

第一步：向对方表达自己的请求。

第二步：耐心等待对方的反应。

第三步：等到对方说出“行”或“不行”的回答之后再行动。

“这个不可以！”请求允许的时候也有可能遭到对方的拒绝。向对方请求的事不一定都能得到允许。如果对方拒绝，那么我们必须立刻回答“是，明白了。对不起（让您为难了）”。如果不是父母，不会有人告诉孩子这些精彩的语言艺术。

孩子的语言技巧

①请求老师

孩子：老师，我用一下剪刀可以吗？

老师：嗯，拿去用吧。（虽然没有亲手递给孩子，也算是允许了。）

孩子：老师，谢谢您。

别忘了用完之后还给老师。

②请求爷爷奶奶

孩子：爷爷，这饼干我吃几块可以吗？

爷爷：不行啊，妈妈会说你的。还是先得到妈妈的许可吧。

孩子：爷爷你真丢人……（×）/是，知道啦。（√）

想吃饼干，但因为没有得到允许，所以不能伸手拿走。

③请求爸爸妈妈

孩子：（未经爸爸的允许）爸爸，我要拿你的手机玩儿游戏。（×）

不能用通报的口气请求，更不能未经允许乱动他人的物品。

孩子：爸爸，你让我玩儿你的手机好吗？就玩儿五分钟。（√）

爸爸：（递给孩子）好的，可五分钟以后必须还给我哟。

孩子：是。谢谢爸爸，五分钟以后还给你。

要说话算数，五分钟以后必须还给对方。

④请求允许的时候要使用正面语言

正面问话会使面部表情和口气变得温柔。

“这个我要拿走啦？”（×）

“我拿一张纸可以吗？”（√）

※需要注意的问题

· 不要在请求的同时伸手触碰对方的物品。

· 直到对方允许之前不要随心所欲触碰别人的东西，必须等到对方做出反应。

· 一直等到对方递给物品为止，或等到对方答应“嗯，拿去吧”之后再拿走。

· 如果说好“用完马上送回来”，那么要说话算数用完以后立刻还给人家，哪怕事后再借用。

03
被大人使唤时的表达技巧

父母使唤孩子去做什么事情，孩子会做出什么样的反应呢？这里在讨论孩子的态度之前，先讨论一下父母使唤孩子时的口气是命令式的发号施令还是请求式的。就是说，首先要检讨一下“父母的语言和态度”。

在日常生活中父母免不了使唤孩子，即或者叫孩子拿什么东西，或者叫孩子跑一趟腿儿。这时如果父母的态度或语言不当，那么孩子有可能产生不满情绪，也有可能养成不良习惯。当大人使唤孩子做什么事情的时候，我们的孩子应该以什么样的态度去接受呢？

妈妈喊一声大宇的名字叫他做一件事。

“大宇呀，妈妈要喝水，给妈妈端一杯水来。”

大宇听完之后，立刻对身旁的弟弟说：“小宇，你去给妈妈送水。”

“谁让弟弟端的？妈妈到底是让谁端来的？安大宇，是不是叫你端来的？”

“妈妈你怎么总使唤我一个人！”

大宇总觉得妈妈把家里的细小差事都推给自己，所以对妈妈非常不满。先不说妈妈喝令叫自己端水，大宇更不满的是妈妈每每有事总使唤自己一个人，于是他把妈妈的指令转发到七岁的弟弟身上。眼看哥哥被妈妈呵斥，弟弟小宇立刻站了起来：“好的，我给妈妈端水。”说完给妈妈端了一碗水。

“啧，连七岁的弟弟都不如！”

妈妈咂着嘴说道。听了妈妈的责怪大宇气鼓鼓地走进自己的房间。如果这样的事情反复出现会怎么样呢？不用说母子之间的关系，由于妈妈总是拿自己跟弟弟比较，大宇越来越不满，越来越窝火，兄弟之间的关系也会出问题。然而，殊不知问题不仅仅在于孩子的态度上。

父母指南

我们的父母们不妨回想一下我们使唤孩子或有求于孩子的情

景。当我们叫孩子做什么事的时候，如果父母认为这是孩子“理应去做的事情”，那么父母肯定是以不尊重孩子的语气或态度说话。再想一想，你向孩子求助的时候是不是隔着一定的距离大声叫喊而不是走近他的身边轻声说话。

父母在自己的房间朝孩子的房间喊“给我端一杯水来”，如果孩子没有回应就提高嗓音再次喊一声。孩子为什么没有回应呢？他也许没有听见，也许因为在自己的房间做作业而迟一点做出反应。可父母却不这么想，在父母眼里，孩子是可以随意使唤的人，是应该听从父母的使唤二话不说为父母跑腿儿的人。

我们的父母需要使唤孩子的时候不妨用温柔的口气说一下看看。如果当时的情况比较特殊不得不用大声叫喊孩子，就可以换一种表达方式：“对不起，爸爸在忙着做XX事儿，你来帮妈妈做XX好不好？”使唤孩子的时候别忘了一定要尊重孩子的意见。

在前面的例子中，大宇向弟弟说“你去给妈妈送水”，这不一定是大宇有意将妈妈的指令推给弟弟，也许他只是模仿父母命令式的口气向弟弟学了一遍而已。

使唤孩子的时候一定要考虑孩子当时的状况。当孩子专心做某种事的时候，尽量不要给孩子添麻烦，如果非要让孩子跑腿儿的话，就向他讲清使唤他的理由：“给妈妈端一碗水好吗？妈妈要吃药。”孩子也跟大人一样，只有受到尊重才能尊重他人，才能听从大人的使唤。下面我们继续讲前面例子的完成部分。

需要使唤孩子的时候

“大赫，妈妈正忙着做XX事儿，你帮妈妈端一碗水好吗？”

（接过孩子端来的水）“谢谢你帮妈妈的忙。”

父母要告诉孩子，当大人使唤孩子的时候，孩子应该以什么样的态度怎么回答、怎么行动。

被大人使唤的时候

“要面带微笑说一声‘我知道了’。”

“为了避免跑错腿儿，最好在大人面前重复一遍大人的吩咐。”

“是，妈妈，给您端一碗水（确认一遍吩咐的内容）。”孩子们都像这样回应大人的使唤，不论在何时何地都会成为讨人喜欢的孩子。要让我们的孩子以礼貌用语、文明用语受到众人的喜爱，就好好利用平时的机会。

妈妈给孩子吩咐某一件事，可孩子或者无动于衷或者推给别人。即使遇到这样的情况，妈妈也不要当即责备孩子，尤其在众人面前不要伤害孩子的自尊心。要事后通过对话了解孩子当时的心情，弄清孩子没有回应的原因。如果像前面的例子，父母要求哥哥端一碗水而哥哥又推给弟弟“你来给妈妈端一碗水”时，千万不要当着弟弟的面责怪哥哥。父母一定要考虑孩子当时的面子。

“好的，小宇，这次不麻烦哥哥，你来代劳好吗？”

弟弟给妈妈端了一碗水，妈妈表达了谢意，事情就算告一段落。在这个例子中，我们当父母的需要记住的是：一定要在弟弟不在的时候教育哥哥当大人使唤你的时候应该采取什么态度。“刚才妈妈叫你端一碗水，可你回头推给了弟弟。妈妈很想知道当时你为什么这么做。”如果孩子回答“我也不知道当时为什么推给了弟弟……”或者“妈妈你平时总使唤我一个人，所以我才叫小宇给你端水的”，当妈妈的就需要通过对话把握孩子的心理。

妈妈：是因为妈妈平时就使唤你一个人才有了那样的想法了吗？可大宇呀，妈妈今后还有很多事需要你来帮忙。你看往后怎样才能更好地帮助妈妈呢？

孩子：……

妈妈：告诉妈妈，怎么跟你说你才能以愉快的心情帮妈妈的忙。如果你的话是对的，妈妈今后就按你说的去做。（√）**虚心听取孩子的意见。**

孩子：妈妈，我希望你以后用请求的口气跟我说话。

妈妈：你不也经常叫妈妈为你做这个做那个吗？你求妈妈十次的时候，妈妈可是只求你一次呀。（×）

以后，当妈妈说“请给我一杯水”时，你能好好听吗？（√）

孩子的语言技巧

当大人使唤孩子做某一事情的时候

1.靠近大人大声回答“是”。

2.面带微笑等待大人使唤。

3.重复一遍大人吩咐的内容之后立刻去做。

①在家里，当爸爸要求你做某一件事情的时候

“给爸爸拿来桌上的那本书。”

“好的，爸爸。你说的是书房桌上的那本书吗？”（√）

“爸爸，没看见我正忙着吗？叫弟弟去拿。”（×）

②要以明朗的表情回答大人的问话 1

“吃饭不要挑肥拣瘦，夹住什么就吃什么。”

“我也没有挑呀？”（×）

心里想着“看来妈妈眼中我吃饭挑食，我得夹起来就吃”，然后回答一声“是，饭桌上的每道菜我会均匀地吃的”。（√）

③要以明朗的表情回答大人的问话 2

“挺直腰板，坐有坐姿。”

“我觉得这样坐最舒服。爸爸你的坐姿不也是很随便的吗？”（×）

心里想着“坐姿要端正”，跟爸爸说：“爸爸，这样坐行吗？”（√）

④练习用微笑回应弟弟

得到弟弟的帮助的时候，说一声“谢谢你帮我拿了这个东西”。

⑤当你做作业的时候，妈妈突然叫你跑腿

（走近妈妈身边）“妈妈，我在做作业呢。二十分钟后再去超市行不行？”（√）

04

和老师说明事情时的表达技巧

“你知道吗，这是我最珍惜的东西。我是借给你的，不是送给你的，所以你快还给我。”

“你也真是，我也没说不还你呀。不是说好了明天还给你吗？你怎么这样小气呢！”

“什么，我小气？你昨天已经说好了今天还给我，可今天还是没有拿来。”

小恩说完大声喊了老师。

“老师，你看她，借我的东西不还。”

此时的老师正在埋头整理学生的花名册。

“老师，她借我东西已经好几天了，可……”

听到小恩连珠炮般的诉说，老师抬起头望着小恩说道：“啊？你说什么？你再说一遍好吗？”

小恩又气又恨，来不及再开口眼泪就流下来了。

回到家小恩向妈妈说：“妈妈，我讨厌我们的老师。”

孩子们遇到委屈的事情往往习惯叫老师，那意思是“我冤枉，求你帮帮我”。尽管父母一再说“朋友之间要和睦相处”，可同龄小孩之间难免发生不和谐的事情。这个时候虽然朋友之间可以自行解决，可有时还真的需要大人出面帮助解决。有些问题孩子们可以自行解决，可有些问题解决不好反倒会引发更大的矛盾。所以，当朋友之间争执不下的时候还要求得老师的帮助。

可老师面对的不仅仅是我的一个孩子。老师的日常也很繁忙，有时要忙别的业务，有时要跟别的孩子谈话。根据孩子求助的态度，老师有可能立即予以帮助，也有可能数落一顿孩子：“你这孩子怎么天天告小状？”有时遇到委屈的事情却有可能被老师或朋友误会成“爱告状的孩子”，有时遇到难以自行解决的问题能借助老师的权威当即解决，关键在于孩子的求助方式和态度。

父母指南

向老师求助的时候，如果老师的回应不及时，有急得哭鼻子的孩子，也有问“老师，你没听到我说话吗”的孩子。这样的孩子很可能被老师看成是冒失、无礼的孩子。

我们的父母有必要教孩子有礼貌地向老师求助以维护自己权益的方法。即便孩子一时无礼或求助方法欠妥也不要当即批评孩子。我们首先要理解孩子的心情，因为孩子得到安慰和共鸣的时候才可以很好地听到父母的话。正确的做法是先了解事情的前因后果，然后说声“伤心坏了吧，我理解你的心情”，最后与孩子一起商量正确的解决方法。

孩子的语言技巧

我们不妨这样指导孩子。

①不要远处打招呼，要靠近老师说话

“用自然的口气说说看：‘老师，我有话要跟您讲。’”

②等到老师的目光落在你的身上再说话

“老师要是忙着做别的事情就稍微等一等，等到老师的目光落在你的身上再问。”

③老师要是忙着做别的事情，等到老师忙完以后再说（尽管你的话也很重要）

“老师肯定会注意听的，可是你到的时候也许老师正忙着别的事情，所以老师只能先做手头的事情然后再回答你。”

孩子的思维一般都是以自我为中心的，因此，他们认为只要自己向老师说了什么老师就应该首先听自己的话，否则他们就认为老师讨厌自己。当孩子向妈妈说“讨厌，老师不喜欢我”时，妈妈要向孩子好好解释，解除孩子心中的误会。

④向老师求助时只有你和老师两个人，因此没必要大声吵嚷，要轻声轻气地说话

“因为你向老师反映问题时旁边只有老师一个人，因此嗓音不要太大，只用老师听得见的声音就可以。”

幼童或小学低年级学生还不会调节自己的声音，因此多与孩子谈谈如何控制声音的问题。

05
如何培养有礼貌的孩子

这是发生在小学一年级学生生日聚会上的事情。孩子的朋友和他们的妈妈们来到了自助餐厅。大家为小主人拍手欢歌，互相交换礼物，拍照留影，度过了愉快的时光。

午餐开始了，大家自己动手去拿菜肴。由于午餐时间过了一点，孩子们都感觉饥肠辘辘。孩子们兴高采烈，快步移动到自助餐台往菜盘里装菜肴。

在忙乱当中还是出了岔子，妍妍妈妈和大锡撞到了一起。虽然没有洒落菜肴，也没有人受伤，可由于两人手里都拿着盘子，看上去还是有些惊险。妍妍妈妈惊呆了，正当她问“大锡，你没事吧”

的时候大锡抢先一步向妍妍妈妈问候道：

“您没事吧？”

大锡谦虚恭敬的口气和表情里充满了歉意和担忧，妍妍妈妈心里十分感动，回到餐桌上向旁人称赞了大锡先于大人关怀对方的美德。大锡的家长到底是怎么教育子女这么懂礼貌体贴人？妍妍妈妈心里这么想着，直到聚会结束都一直用羡慕的目光望着大锡妈妈。她很想向大锡妈妈请教教育孩子的秘诀。

后来据大锡妈妈说教育孩子也没有什么特别的秘诀，只是淡淡地说：“平时教孩子用善良的眼神和从容的态度对待朋友，比唠唠叨叨更有效。”

在餐桌上妈妈们不停地对自己的孩子唠叨“别挑食，上什么吃什么，吃菜要均匀”“这个好吃，多吃这个菜”“不要洒，慢慢吃”“通道上走路要注意，别被别人撞着”，可大锡的妈妈没说一句这样的话。孩子端来菜肴，她只是简短地说一句：“端来了？菜肴选得不错呀。”

为了让自己孩子吃好饭，妈妈们顾不上自己饿一个劲地“这个这样，那个那样”地向孩子唠叨，以至于孩子不耐烦。可大锡妈妈却跟她们完全不同，孩子坐到餐桌前她也不说一句话只是用温暖的目光朝他笑一笑，菜盘子被推到桌边眼看就要掉下来她也没半句怨言，只是轻轻地往里推一下。她始终一言不发，在简单地照料孩子的同时悠然自得地吃自己的饭。

父母指南

听完这个故事我也有很多的感触。遇到突发事件，人们通常首先考虑自身的安全，然后再去察看周围的状况。因为人类的本能决定自我保护、自我防御是首要前提。在惊慌时刻，先于自己考虑他人的安危是一件非常难的事情。

然而，小学一年级学生大锡面对突发情况竟然先向朋友的妈妈问候："您没事吧？"这不能不说是令人惊叹的行为。孩子面临危机如此沉着应对的秘诀是什么呢？那就是渗透到骨子里的良好的语言习惯。

我还认为大锡的良好习惯应该是来自父母的影响力。"有礼貌的男人""有礼貌的人"之类的话我们已经耳熟能详，可"有礼貌的孩子"我们却很少听说过。有礼貌的孩子给人以遇事不慌、沉着稳重、令人信赖的印象，因此，别说同龄朋友，就是大人也会给予充分的肯定。那么如何培养懂礼貌、具有魅力的孩子呢？

家里来客人的时候，有些孩子由于忙于别的什么事情来不及跟客人打招呼，有些孩子见到陌生人不好意思跟客人打招呼。对此，父母心里十分尴尬，于是为了教育孩子改掉不良习惯，往往当着客人的面批评孩子："客人要走了，你也不打声招呼？"这不是好的方法，还有一种比当面批评孩子更好的方法。

如果孩子在自己的房间里忙着做什么事

进到孩子房间里用只有孩子才能听得见的声音向孩子说"客人要走了，出来向客人道个别好不好？"，然后牵着孩子的手走出房间。这是既能尊重孩子又能平静地教育孩子的好方法。

孩子正在全神贯注地做某一件事，因此也许不知道客人要走。这个时候如果父母大声斥责孩子：“你也不会跟客人道个别吗？”孩子顿时就会成为“不懂礼貌的孩子”，这样做只会伤害孩子的自尊心，使孩子十分委屈。在日常生活中，如果亲切地教导孩子做一个文明礼貌的孩子，孩子会在各种状况下都能自然地表现出有礼貌的态度、语言和行为。

孩子的语言技巧

①与别人碰撞的时候

“啊，吓我一跳！差一点儿把这个东西掉在地上。”（×）

“实在对不起。您没事吧？”（√）

②睡前打招呼和起床打招呼

“晚安，妈妈爸爸，我要睡觉了。”（√）

“奶奶，您睡得好吗？”（√）

③出门前和回家后

（在门厅边穿鞋边说）“妈妈，我出去一趟。”**（远处通报式的打招呼，50分）**

（走近妈妈跟前）“妈妈，我要去朋友家（课外班）。”**（近处打招呼，同时又说明去处，100分）**

（在门厅或走近爸爸）“爸爸，我放学回来了！”（√）

要彻底履行“出必告，反必面”，即出门时一定要向父母说明去处，回家以后一定要当着父母的面告知自己已返回。

④父母出门或回家时一定要走到门厅问候

“妈妈，您慢走。”

“爸爸，您回来啦？”

向大人打招呼的时候，目光一定要集中在大人身上，切不可低头看地板或仰头看天空。

06
感到委屈时该怎么说话

“你再这样作弄我，我就不客气了？”

“哼，你不客气又能怎么样？”

“还能怎么样？揍呗！你今天整天都在作弄我！”

“你打一个试试！你打呀！”

小莉和小贤虽然经常斗嘴，可他们还是一对好朋友。小贤整天捉弄小莉，气得她脸都发红了。看到小贤耍贫嘴，小莉举起装鞋的袋子向他发出了警告。小莉不可能真想打小贤，只是向他表示自己无法再忍受了。

“这可真的是最后的警告，再跟我耍贫嘴我就用鞋袋揍你！”

“你打，你打，嘻嘻。”

小莉抡起鞋袋朝小贤打了过去。用装鞋的布袋子打其实一点儿也不疼，可小贤故意装疼喊了一声：“哎哟妈呀！”恰巧有一位叔叔路过他们的身旁，看到这一情景便劝告他们说：“你们在马路上这么玩耍多危险呀。还有你这孩子，怎么能打朋友呢？！”

“啊？”

“对朋友施加暴力，长大以后就会变成坏人的。”

小莉一时慌得不知说什么好。小莉难堪的样子把小贤给逗乐了，他不顾身边的叔叔咯咯地笑了起来。小莉是为了阻止小贤的恶作剧而向他发出警告的，可叔叔也不问事情的来龙去脉便批评了小莉。回家以后小莉向妈妈诉说道：“大人们真的很奇怪。也不知道事情的缘由，就随便想、随便说。”

“怎么，发生了什么事情？”

“也没有大事。今天小贤整天捉弄我可把我气坏了。我只是抡起鞋袋轻轻地打了他一下，可路过的一位叔叔却对我说‘对朋友施加暴力长大以后就会变成坏人’。真是的！”

“那个叔叔怎么会那么说呀？也不知道事情的缘由乱说什么呀。真是个可笑的人。”

听完妈妈和小莉的对话，爸爸唯恐小莉被妈妈宠坏，说了与妈妈相反的话。

“马路上玩耍当然危险喽。我看那位叔叔也是为了你们好才那么说的。”

“哼，爸爸也跟那个叔叔一样。爸爸根本不知道今天小贤是怎么惹我生气的！”

“你看你，跟爸爸也这样大声嚷嚷，难怪路过的叔叔批评你！”

父母指南

如果孩子向父母坦率地说了自己的冤情，那么父母应该在安慰孩子的同时还要说一些能够使孩子从中受益的话。要做到这一点，首先要认真听取孩子的诉说、了解孩子的诉求，然后再与孩子进行对话。对话时，根据孩子的诉说可以对孩子安慰一番或表示理解孩子的冤情，也可以在表示理解的同时向孩子提出往后需要注意的问题，从客观角度为孩子分析事情的前因后果。

在马路上向朋友挥动鞋袋，这显然是错误的行为。当然，对方首先让我们的孩子生气也不是不能成为理由，可在马路上嬉戏毕竟是危险的行为。如果我们的孩子因路过的叔叔不分是非曲直的批评而感到冤枉，父母首先要认真听取孩子的诉说，只有这样才能有理有据地教育孩子。

孩子诉说的核心内容就是“冤枉”，因为路过的叔叔在不了解事情缘由的情况下说了那句“对朋友施加暴力长大以后就会变成坏人”。

在这种情况下，父母首先要教孩子“遇到冤枉的事情时应该说什么话”。“跟朋友要和睦相处”，“不能向朋友挥动鞋袋”之类的话是次要的。孩子向父母诉说是因为孩子感到冤枉或丢脸，因此，一定要围绕孩子的切身利益进行对话。

“那么当时你是怎么向那位叔叔说的？”

<对话>1

如果孩子说“因为他是个路过人，什么情况都不知道，所以我也就没多想就那么过去了”，妈妈可以不当回事儿，但也要理解孩子当时尴尬的处境，好言劝慰孩子不要往心里去。

孩子：那位叔叔突然批评我，我一看是个大人，所以也就没有再说什么。

妈妈：做得对。他批评你实际上就是为了你们的安全。

<对话>2

如果孩子因叔叔的那句话而感到伤心，妈妈应该先安慰孩子。这时就没必要理清大人和孩子谁对谁错的问题，也不要急着下结论，要耐心劝慰孩子，让孩子及时消除当时的消极情绪。

孩子：被叔叔那么一说，我心里很难过。

妈妈：很难过？能不能具体说说？

孩子：我当时真想回撑一句“不是那么回事儿”，可我还是忍住了。

妈妈：如果在马路上你向那位叔叔说明事情的缘由会怎么样呢？

孩子：因为他是大人，会道歉的。（或者）因为他是路过的，所以不会再说什么，就那么走开的。

孩子的语言技巧

①跟同学在马路上打闹嬉戏时

“XX同学，这里危险，别打闹了！”

劝告一遍仍不听话，就说：

“我不想在危险的地方玩儿，我先回家了。”

②在跟朋友玩耍时听到“别在马路上打闹”的劝告时

“啊，没事的，我们不是打架！”（×）

意识到“这里确实危险”，然后立即停止打闹，说：“是，明白了。”（√）

然后向同学说的话

“就因为你我挨说了不是？”（×）

“他说得对，我们别在马路上玩耍了。”（√）

③当所有同学都犯错，可就批评我一个人时

“我们都是一起玩儿的，你怎么只说我一个人呢？”（×）

“是，明白了。”（√）

④做作业暂时休息一会儿却被爸爸批评时

“你不做作业成天在看电视？”

“爸爸，我一直在做作业，不懂就别乱说。”（ × ）

“爸爸回来了？我一直在做作业现在想休息一会儿。爸爸，我再看五分钟行不行？”（√）

⑤被妈妈误会时

妈妈因误会而生气时，如果心平气和地向妈妈解释，妈妈心中的怒气很快就会消失。

可如果提高嗓门大声说“不是那么回事”，妈妈就会觉得孩子在顶撞自己，于是母子之间的对话很难进行下去。

虽然被妈妈误会而委屈，但对妈妈说话还是要温柔一点儿。

“妈妈，我这是在做完作业以后玩儿的。”（√）

07
做错事也讨人喜爱的孩子的说话技巧

上课刚开始才五分钟有学生举手。

孩子A：对不起老师，我现在急得厉害，上卫生间行吗？

老师：休息时间干什么了，非要上课铃响了才想去？

孩子A：老师，我也想忍一忍，可现在实在忍不住了。我尽量快去快回。

老师同意了，孩子A上卫生间了。

孩子B：老师，我想上卫生间。

老师：休息时间干什么了，非要上课铃响了才想去？

孩子B：啊，我，我急死啦！

老师同意了，孩子B也上卫生间了。

两个孩子的情况十分相似，可下课后两个孩子的态度就截然不同。

孩子A：（下课后）老师，刚才在上课途中去一趟卫生间真对不起。其实前一节是数学课，我有一道数学题弄不明白，所以去找隔壁班的同学解题了。本想解题后去卫生间，可那个时候上课铃已经响起来了，我没办法就先回到了教室。当时我的肚子突然疼得受不了。老师，今后我一定在休息时间上卫生间。谢谢老师刚才允许我上卫生间。

孩子B：（放学回家后，用告状的口气说）妈妈，我今天说要上卫生间，可老师就是不让去。（不说老师允许已经去过的事实）

上课刚开始，没过几分钟学生就提出要上卫生间，从老师的角度上看并不是愉快的事情。老师可以欣然地说“好的，快去快回”，有时也会说“能不能再忍一会儿？”。有些班里，不用老师允许，孩子们在不影响别的同学的前提下自觉轻手轻脚地去卫生间。也有由于突然闹肚子来不及向老师请假便跑出教室的时候。有的孩子还有怪毛病，休息时间根本不想去，可一旦上课铃响了就想上卫生间。

即使是最善解人意的老师，也不可能在课堂上详细询问孩子上卫生间的理由，所以就像口头禅似的说一句“休息时间干了什么，非要上课以后上卫生间”，或者以此为契机向大家公示“请大家往后尽量在休息时间上卫生间，以免影响上课”。老师说的话再正常不过，可孩子们对老师这句话的反应却各不相同，有些孩子感到不好意思，有些孩子感到自己受到羞辱。

现在我们再来看看，我们自己的孩子在前面的孩子A和孩子B中属于哪一类。如果我们的孩子在不同的情况下睿智地应对和处事，孩子在圆满地渡过难关的同时，还会被老师认为是一个“非常聪明的孩子”。所以我们应该教孩子学会在不同的情况下应对危机的态度（表情）和语言。虽然情况都类似，可孩子们所采取的态度却各不相同，于是老师们也根据孩子的态度而采取相对不同的态度。怎样提高孩子的语言表达能力，才能使我们的孩子成为“众人喜爱的孩子”呢？

父母指南

孩子A由于在休息时间到隔壁班去请教一道数学题而没来得及去卫生间。他虽然有自己的理由，但面对老师“休息时间都干什么了”的问话并没有为自己辩解。如果孩子A当场向老师说出理由，那么这个理由在老师听起来就是一句“辩解之词”，更会妨碍整个教学进程。在同样的情况下，如果下课以后以恭恭敬敬的态度向老师解释，那么在老师的耳朵里已经不再是“辩解之词”，而是正当的理由。可见，有的孩子面对老师的批评或责怪只是说“老师，我懂了”或“谢谢老师提醒我”，等到下课以后再单独找老师详细解释事情的来龙去脉；可有的孩子却等不及老师说完话就急着辩解“老师不是那么回事”。如果像孩子A那样能做到事后向老师详细解释或用温柔的语气回应老师的批评，就没有一个老师不会尊重这样的孩子。栗谷李珥[①]先生为我们留下了做人的九思九容准则，其中一个准则叫“色思温”。我们不妨给孩子们讲讲这个“色思温”。

“李珥先生告诫我们要经常察看自己的面色是否温和。跟别人说话时尽量呈现温和慈祥的面色，这样才能使对方舒心，而对方一舒心，也就很容易接受你的话。”

现在我们讲的是即使做错事也受人喜爱的孩子，但千万别以为这是为做错事的孩子辩解或甩锅。我们要告诉孩子，做错事首先要承认自己的错误，不要因为受委屈而面露怒容或出言不逊，即使向对方辩解或解释也要挑选合适的时间和场合。李珥先生说：“不温和的表情容易伤害对方的心情，最终导致灾祸。”要引导我们的孩子遇事不要成为“火上浇油”的孩子，而要成为“转危为安”的孩子，将危机转化为机会的智慧的孩子。

如果我们的孩子口口声声说“老师专门跟我过不去”，那么我们的父母就有必要细心观察孩子平时的态度、表情、语气。当很多人聚在一起时，有些孩子第一眼就让人觉得很可爱，有些孩子刚开

① 栗谷李珥：著名学者，韩国5000元纸币上的头像人物——译者注。

始不怎么显眼但越看越顺眼、越看越可爱，有些孩子虽然看上去很不错但越看越别扭，有些孩子虽然没什么特长却十分引人瞩目。

如果我们的父母是小学老师，就想想我们班二三十名孩子中谁说话最有礼貌从而深受人们的喜爱，然后以那些孩子为榜样教育自己的孩子使用礼貌用语、文明用语，这样做在提高孩子语言表达能力方面效果会更好一些。说话礼貌表情温和的孩子是人见人爱的孩子，人们投给他的目光也是温暖和蔼的。孩子一旦受到这样的待遇，那么他就能有意识地践行自己的价值观，进一步培养自尊心。

对待孩子，不管是他的负面情绪还是正面情绪都要予以尊重，可面对毫无顾忌地表达自己不快情绪的孩子和慎重考虑“老师那样说肯定有他的道理”的孩子，对他人的言行所做出反应的态度肯定是不一样的。提高孩子语言表达能力的过程中，最重要的莫过于说话的表情和对大人说话的态度。

我们要跟孩子多讲什么样的语言最好听，什么样的表情最好看，少讲“说话要好听点”“表情要好看些”之类的话。不要动不动训诫孩子“应该这样做，应该那样做”。通过下面这样的对话，孩子完全可以自主地做出正确的选择。

妈妈：你有没有做错事也觉得很可爱的朋友？

孩子：有。我们班XX同学做错事马上认错并道歉。

让孩子反思自己态度的提问

“哦，原来是这样。如果做错事的是你们几个人，可如果老师单独指你一个人，你的心情会怎么样？”

“那个时候你该怎么办？”

“如果你是老师，你觉得使用哪一种言辞的孩子更可爱？”

“学校里经常看到迟到的孩子，当老师问孩子‘为什么迟到’时，有的孩子满脸不高兴地嘟囔‘迟到也不是没有理由的，老师干吗这么凶……’，有的孩子用充满歉意的口气说‘老师实在是对不起，下次再也不会迟到的’。如果你是老师，你更喜欢哪一类的孩子？”

孩子们在成长过程中不仅得到来自多方的关心和表扬，同时也会受到批评、蒙受委屈。但有这么一种人，尽管他们做错事了，可他们用谦逊的态度和充满歉意的表情使局面发生逆转。但愿我们的孩子也成为这样的人。

孩子的语言技巧

①当孩子做错事的时候

走近大人诚恳地说："对不起，我不小心做错事了，请原谅。"（√）

对方已经察觉到了，可你还只是在心里反省。这种态度容易给人一种"明知做错了还不承认"的错觉。

心里想："我在心里正一个劲地反省，可他非要这么说我吗？"（×）

不当即辩解，只说一句："明白了。对不起。"（√）

②没做错却发生误会或被指责的时候

"不是那么回事"，"你什么都不懂乱说什么"。（×）

即使蒙受冤屈也不要辩解或顶撞。

"是，知道了，以后我会注意的。"（√）

然后在单独场合向对方心平气和地解释当时的状况。

③向大人求助的时候

“这个部分我不太明白，教教我好吗？”

“老师，请你帮我一下好吗？”

“请您帮帮我，谢谢。”

得到帮助以后

“谢谢你教我。”

“谢谢你帮我。”

第四章

能够提升孩子自尊心的表达力

01
掌握让步与拒绝的说话技巧

吵完架先道歉，有好东西与朋友分享，这种谦让、体贴的孩子会怎么样？如果说别人家的孩子会让步、会体贴，我们的父母就会说“这样的孩子越多越好”，可轮到自己的孩子需要“谦让”“体贴”，父母们就有点儿犹豫了。他们为什么犹豫呢？因为他们怕自己孩子成为这样的孩子——“自己饿着肚子还倾囊相助”“对别人该说的话也不敢说”。

六岁的娜娜小时候在父母和祖父母的膝下长大，很早知书达理，对人彬彬有礼，人们都夸她是个表现力出众的孩子。娜娜的父母根据祖父母“与其小时候送到孩子之家或幼儿园经受集体生活的折磨，不如与家人在一起度过自由自在的日子”的教育观，选择了家庭教育模式。娜娜一直接受家庭教育，到了五岁才第一次上了幼儿园。由于适应性强，智力发育比别的孩子早，所以头一年一直受到老师的赞扬。

“娜娜很会让步。”

“娜娜很懂事，能够理解小伙伴的心情，也很体贴别的小伙伴。”

可有一天，从幼儿园校车下来的娜娜一直闷闷不乐。回家的路上，妈妈问她怎么回事，可娜娜只是回答“没什么事，妈妈”，可回到家里却哇地哭了起来。等到娜娜的心情稍微平静下来，妈妈将娜娜抱在怀里问道：“告诉妈妈怎么回事，说出来了娜娜的心情也会好受一些的。”

“不，妈妈，我不想看妈妈伤心的样子。”

“悲伤是互相分担的，分一下就变得小一点儿，分两下就变得更小。来，说说看，让我们共同分担吧。”

“真的吗？妈妈，我很难过。我为什么天天为小朋友做出让步呢？”

在家庭教育模式下一直与家人共度时光的娜娜，从未有过与朋友发生争吵或产生隔阂的事例。所以每当朋友跟她要玩具她总是毫不犹豫地让给朋友，“你想玩吗？那就拿去玩吧。”每每这个时候，幼儿园老师们就赞不绝口地说：“娜娜是个体贴朋友的好孩子。”

就这样，娜娜与朋友们度过了一年的时光。然而，娜娜越来越觉得心里不舒服，越来越觉得自己受委屈。每当朋友有求于自己的时候，自己总是慷慨地让给他们，可自己向朋友们要什么东西的时候，他们却谁都不肯让出来。朋友们对自己只有索求，而对自己的要求却无动于衷。

不让步也没关系

很多父母都在担心“我的孩子不会让步可怎么办”“我的孩子太自私如何是好”，可娜娜父母却没有这种顾虑，因为娜娜是个早已学会让步的孩子。

后来妈妈跟娜娜说“你也可以向朋友们要东西”，“不要一味地做出让步，有的时候不让步也没关系”。对此，娜娜却说道：“妈妈，不让步也可以吗？我不让步的话，朋友是不是会伤心呢？”

尽管幼儿园老师和别的家长们一再夸赞娜娜是个会让步且对朋友充满爱心的孩子，可每次听到这样的话，娜娜妈妈的心就塌下来一样难受。因为妈妈已经察觉到娜娜虽然在幼儿园里经常做出让步，却一直隐藏着自己委屈的心情。如今想跟孩子说一声不要再让步，可又觉得这是个错误的教育方法，于是妈妈只是跟女儿说“有的时候不让步也无所谓”。然而，说完以后妈妈又后悔了，因为这样说话怕给孩子造成心理上的混乱。此时的妈妈心乱如麻，不知所措。

父母指南

娜娜正在兴致勃勃地看一本书，不料旁边的一个朋友向妈妈说：“妈妈，那是我最爱看的书。”

听到这话，娜娜二话不说合上书递给了那个孩子。此时，如果娜娜以愉快的心情让给朋友，那就没有什么问题。

问题是，将书让给朋友以后，娜娜的表情却显得十分悲伤。事实上，娜娜也很想一口气读完那本书。听到朋友想看那本书，娜娜便让给朋友了，可这并不是娜娜出自内心的自愿行为。如果孩子无奈之下做出了让步，而且让步之后又觉得难过，那么就应该教孩子学会表达自己想法的方法。

由于孩子从小与家里的大人生活在安定、和谐的环境里，因此看到不肯让步的现象她就很难接受。在与父母和祖父母的熏陶下，自然而然地养成了谦让的美德，可她没学到对方不肯让步时候的应对方法。所以我们还要教孩子学会让步的时候该怎么说，想让步的时候该怎么说，不想让步的时候又该怎么说，还要教会孩子适当的拒绝并不是坏习惯的道理。那么该如何教他们这些东西呢?

父母对孩子说“你也敢于向朋友索要东西吧。有些时候可以拒绝朋友让步的请求，不能一味地做出让步”，这时如果孩子反问“妈妈，那样做也可以吗?”，那么我们该如何回答孩子的问话呢?

如果让孩子说“不行，这是我先拿到的，所以等于是我的东西。你可以玩儿别的东西”，孩子会觉得这是明显低于六岁孩子智商的说辞，说出来怕丢面子，从而不仅说不出来，反倒增添心理负担。因此，当孩子感到委屈时首先要好好听听孩子的讲述。只有充分了解孩子的心理状态，才能更好地教孩子应对困境的方法。

娜娜：妈妈，我在兴致勃勃地看书的时候，他走到我的身旁说："娜娜，这就是我最想看的书。"

妈妈：那，你怎么样了？

娜娜：我就让给他了。因为他说过他很想看那本书。

妈妈：让给他以后，你的心情怎么样？

要按着孩子的感受进行对话，让孩子自行了解自己从未了解过的内心世界，使孩子主动接受现实中发生的一切。

妈妈：让步是一种善举，可如果让步以后心情不愉快怎么办？

孩子：可我不让步的话，朋友会伤心呀。

妈妈：（理解孩子的心情）也是，得不到让步朋友也会伤心的。那么，娜娜你往后也不顾自己不愉快还要为人做出让步吗？

孩子：也不是。我也不知道该怎么做才好。

妈妈：（提出让孩子也能接受的提问）那么，向朋友好好说明你不能让步的理由会怎么样？

要告诉孩子有时不给他人让步并不是"恶意拒绝"。谁都有选择和决策的自由，只有充分表达这个权利才能持续维持朋友之间健康的关系。不情愿的让步会使孩子的人际关系变得复杂。摆正让步与拒绝关系的表达方式会使孩子的人生升华为能言善辩、争取主动的主导性人生，对孩子的一生定会起到决定性的作用。

孩子的语言技巧

孩子在幼儿园看书，有朋友跟孩子索要那本书的时候

①如果我想继续看下去

“等我看完再给你好吗？”

“你也想看这本书？好，我看完就给你。”

②如果你心甘情愿地让给别人

“哦，是吗，你也想看这本书呀？好，那你先看。别忘了看完先给我哦。”说完去查找另一本想看的书。

当朋友看完书还给我的时候

“看完了吗？谢谢你守约。”

③如果你不想让步（向对方提出替代建议）

“我现在正在看呢，你先看别的书好吗？”

“如果你也想看，那咱们一起看吧。”

④如果因为不让步而心里不舒服

“我没有让给你并不是有意为难你。你也要尊重我的

想法。”心里这样想着，有意培养自我消除心中烦恼和不舒服感觉的习惯。

02

教导孩子懂得语言表达的力量

“妈妈，从今天开始咱们一起做舒展操吧！”

“突然间搞什么舒展操？”

“今天在体育课上我们做了舒展操，结果我身体太僵硬动作十分搞笑，于是同学们都笑话我，说我像个又硬又直的木棍。这太气人了，我要好好练给他们看看！”

“哦，原来是这样。没错，坚持练舒展操对身体健康也有好处，那咱们就天天练吧。托你的福，妈妈也要健身喽。”

“哼，他们说我像个木棍还不算，更可气的是说我努力练习的样子很可爱。这不是公开嘲笑我吗？这种阴阳怪气的话更气人！”

孩子这么一说，妈妈沉思片刻。妈妈想起了自己小时候经历过的事情。

“燕燕，妈妈突然想起了小时候的一件往事，想不想听？”

“妈妈，是什么往事呀？”

“妈妈小时候的理想是当一名老师，这你也知道。妈妈小时候开始就很喜欢读书学习，每当帮同学们解决了疑难问题，妈妈心里就感到非常欣慰。从此以后，就妈妈下定决心想当一名老师。”

“真的吗？可妈妈为什么没有当上老师？”

“妈妈的一句失言，还有朋友的一句背后议论，使妈妈改变了初衷。”

“到底发生了什么事？”

“有一天，有个同学找我问了一道数学题。看到同学找我解题我心里很自豪，于是说了一句‘咳，这么简单的题都算不明白’，之后给同学解了题。可没想到，就是这句话刺痛了那个同学的心。如果有人瞧不起自己，自然会伤自尊。可事实上，当时我说那句话丝毫没有瞧不起同学的意思。可不管怎么样，妈妈的表达方式的确有问题。”

“嗯，我能听明白！在那个同学看来，妈妈自以为是了呗，嘻嘻！”

“应该是那么想的。可由于那个同学并没有当面跟妈妈说，所以妈妈根本不知道她当时有多难过。过了几天，另一个同学告诉妈妈，说那个同学背后说了妈妈的坏话。‘这么简单的题都算不明白’，她觉得这句话显然是瞧不起自己，还说‘如果像她那样的人当上老师照样瞧不起学生，你说哪个学生会喜欢瞧不起自己的老师’。她在背后说的那句话同样深深地刺痛了妈妈的心。说心里话，以前同学们要我帮他们解题，我总是满口答应并热情地给他们解题的。可没想到那个同学居然这么说我……”

“那你为什么不跟朋友们说我从来没有瞧不起他人？”

“是啊，也许那么说还能好一点儿。可当时妈妈也跟你一样小，不会为自己辩解，只好自我修复心里的伤痛。从此，当老师的梦想渐渐远去了。燕燕，你有没有遇到过像妈妈这样的境况？今天听了你说的话，妈妈的脑海里不知不觉浮现出当时的事情。妈妈心里明白我的燕燕今天遭同学们的嘲笑肯定很难过，可妈妈又觉得今天嘲笑你的那些同学也有可能像妈妈小时候那样只是无意识地开了个玩笑而已，也许他看到你努力做操的样子实在可爱才那么说的。”

“嗯，也有那种可能。听完妈妈的话，我的心情也轻松了许多。”

“我们不可能准确地把握朋友的心思，可妈妈总觉得朋友说的‘努力的样子很可爱’是他的真心话。通过这件事，你应该知道我们平时说的每一句有多么重要。只一句话，既可以向他人传达尊重的意思，也可以贬损他人的自尊心。”

“妈妈你说得对。说话真的要小心呀！”

“别看妈妈是大人，可在语言方面也有困惑的时候。如果人们都像燕燕说的那样‘说话要小心’，那么，至少会少做让对方伤心的事儿或少说不尊重他人的语言。”

“嗯。妈妈，今天向妈妈讲学校里的那件事还是对的。”

父母指南

父母要亲自告诉孩子，说一句好话，既可以尊重别人，也可以得到他人的尊重。当然，孩子在成长过程中会自然学到，可我们早一点儿告诉孩子，就可以减少孩子受伤的次数，也减少孩子伤害他人自尊的次数。

对朋友的误会越多，孩子的自尊心就越差。对朋友没有误会从而自尊心强的孩子，能够包容朋友的每一句话，能够尊重包括朋友在内的所有人。我们该如何教孩子语言的重要性呢？

“良言一句抵千金。”

“礼尚往来。往而不来非礼也，来而不往亦非礼也。”

“一语成谶。”

我们要通过这些格言或俗语向孩子说明语言的重要性，也可以在家里演一出情景剧让孩子亲身体会语言的重要性。要告诉孩子，一句话拥有可以偿还心灵债务和金钱债务的巨大力量，你送他一句金玉良言你也能得到一句肺腑之言，良言一句甚至还能改变事态的结果。

强调语言重要性的提问

“我可以用一句话改变你的心情。你要不信，咱们不妨谈一谈看看。”

“说者无心，听者有意。尽管你是无意中说的话，可对方听起来却感到自尊心受到伤害。想想看，哪些话会‘说者无心，听者有意’呢？”

孩子的语言技巧

①当朋友求你答疑的时候

“你连这个也不懂？”“这么简单的题也算不过来？”（×）

（朋友心里想）“你小子知道一点儿就自以为是了……”

“你说这道题不太明白？来，我们一起算算看看。”（√）

（朋友心里想）“聪明加爽快，赞！”

②当朋友重复提出同样疑问的时候

“还不会算？我不是教过你吗？”（×）

“这不是你昨天已经问过的吗？”（×）

虽然不是有意无视朋友，可这样的语言很容易伤害朋友的自尊心。

“哦，你说的是这个题呀？来，让我看看……嗯，这道题应该是……”（√）

朋友是因为不会算才问你的，所以你千万不能难为朋友，在友好的气氛中一起解题。

“是的，这道题好多同学都觉得有点儿怪。”（√）

即使朋友重复提出同样的问题，也要像第一次听到一样耐心地告诉朋友。

③为朋友答疑之后

“为你答疑了，你还不感谢我？”（×）

“要是你也跟我一样上课集中精神，也能像我这样成为学霸。”（×）

“记住我说的话没有？你再重复一遍看看。”（×）

切忌目中无人或自以为是的语言。

切忌以老师的口气对待同学，也不要以哥哥训斥弟弟的口气对待朋友。

“谢谢你找我答疑。”（√）

“能帮上你的忙，我也很高兴！”（√）

“在跟你重新解决问题的过程中，我也更准确地把握了这道题。”（√）

“多亏你问我这道题，我也算是复习了一遍，谢谢你。”（√）

④听到不愉快的话的时候

“他怎么能那样说话呢？”（×）

“也许是我误会了。”（√）

03
当众丢脸和感到羞愧时的表达技巧

良言使人增添信心，恶语使人倍感失落。正因为这样，人们都喜欢说好话的人，讨厌说坏话的人。于是，人们自然而然地向往“说我愿意听的话”的人。

孩子也一样，他们也喜欢听称赞的话或爱心浓浓的话。当孩子听到对方“我期待之外的话”时，就会感到失望或尴尬。这时孩子往往认为自己“被冷落”了。

小京是学习好品德善良的孩子，经常受到老师的夸赞。小京的班主任老师为提高孩子们的课堂参与度和表达能力，经常组织小组活动和心得讨论会。

“大家好好想一想，然后一个一个发言怎么样？”

课堂上被老师点名站起来发言是非常紧张的事情。由于小京是经常被老师夸赞的孩子，因此她的紧张程度要比别的孩子高好几倍。如果老师提问的是自己知道的问题，孩子们巴不得老师点自己的名字；可如果老师提问的是自己不知道的问题，他们则避开老师的目光不停地摆弄桌上的铅笔盒。转来转去轮到了小京发言的时候。小京站起来说了准备好的答案。

“老师，我认为这种事情是……”

“这不是和刚才小宇同学的回答一样吗？已经讲过的就不要讲了。你先坐下再想一想。下一个，小艺同学！”

虽然这是老师为了在有限的时间内让更多的学生发言的决定，可对年纪尚小的小京来说很难理解老师的用意。自以为考虑周到以后发了言，可刚说一句话就被老师中断并把发言权转给下一个同学，这不能不说是一件丢脸的事情。突然遇到尴尬的事情，孩子的自尊心和自信心急转直下，心灵也遭受创伤。

“妈妈，老师不喜欢我。”

这个时候妈妈应该怎么回应呢？

“这也叫丢脸？老师说得没错，不要重复别的同学说过的答案，回答要有创意。”

“小宇的那个答案实际上是我先想出来的，没想到小宇先说出来。”

“你要是在别的同学发表之前抢先发言不就没有这样的事了吗？你要记住，越往后发言越不利，在以后的讨论会上一定要抢先发言。”

父母指南

孩子在父母那里学到了什么呢？是不是反倒后悔“我不该说”呢？孩子委屈、尴尬的时候能把心里的话说给父母听，仅这一点就值得表扬。因为这对孩子来说是难以启齿的事情，一般情况下谁都不好意思说出来。孩子们不是得到表扬的事情不愿意跟父母讲，因为他们谁都不愿意挨父母的批评。在这些事情上，人们通常认为受到伤害的一般都是那些性格内向的孩子，可事实上，那些爱出风头、爱抢眼球的孩子受到的打击却更大。

这个时候，妈妈的反应非常重要。

“你呀，就那么点儿事，至于这样意气消沉吗？老师也可以那样说嘛。”

向妈妈吐露学校发生的事情是为了得到妈妈的安慰，可妈妈却表现出满不在乎的反应，孩子就觉得自己的自尊心没有得到应有的尊重。父母应该理解孩子当时尴尬的心情，还要为孩子打消对老师的误会。只有这样，孩子才能消除“我不喜欢老师，我讨厌他”的错误想法，也使孩子重新喜欢学校生活。妈妈不妨这样跟孩子说：

“能把心里的话说给妈妈听，妈妈谢谢你。”

然后告诉孩子尴尬是你自己的心理感觉，与对方的想法毫无关系，还要从老师的角度上解释老师当时那样做的理由。看看孩子听了以后是不是打消了对老师的误会。

打消孩子的误会，安慰孩子心情的语言

“经过一阵思考做的发言，老师却没让你说完，换作我也会觉

得伤心、尴尬。我完全理解你的心情。”

“可我想老师肯定不是不尊重你的发言，其他的孩子也要发言，老师只好那么做。”

“老师想要的是所有孩子都有机会发言，可每堂课的时间是有限的呀。”

告诉孩子，因为你对老师的误会，老师也会伤心的。

“知道你在误会老师，老师心里也会很难过的。因为老师关爱的不是某一两个孩子，而是所有的孩子。”

父母应该适时引导孩子打消对老师的误会，让孩子积极参与授课。孩子喜欢老师，课堂气氛才会变得活跃、和气。

孩子的语言技巧

当老师让我尴尬的时候

“哼，老师瞧不起我！”（×）

①换位思考

“不是老师瞧不起我，而是希望我发表与众不同的看法。”

“好的，老师。等我想到跟他们不一样的想法再发言。”

②别不好意思，有事要积极应对

有不理解的地方立刻举手提出自己的想法

（举手）“老师，我有问题要问！”

③要用正面思维去解释

“我知道老师是爱我的，可在目前的情况下，好像老师也没办法。”

（如果老师没有反应）“可能老师没有听见。”

04
正确表达负面情绪的说话技巧

“妈妈，你看我像一头猪吗？”

秀秀放学回来，一进屋就问妈妈。被儿子突如其来的问话，妈妈丈二和尚摸不着头脑，皱起了眉头。

“你在胡说什么？谁说你像猪？”

“今天在学校食堂吃饭的时候，我多要了一份菜，结果被小民看见，他说我是一头猪。”

“怎么，今天菜不够了？”

“也不是……我跟阿姨多要了一份烤肉，可阿姨说‘烤肉没有了。菜是平分的，每个人都一样多’。听到这话，站在我旁边的小民说我是一头猪。他这么一说，旁边的同学们都笑了。我一气之下独自一人吃饭了！”

“咳，你又专挑猪肉吃了？妈妈说过多少遍了，吃饭要荤素搭配，均匀进食。吃一份就够了，干吗还要一份？还有，同学说了那句话你就不乐意了？难怪你总被他们瞧不起！”

“妈妈你也对我这么说？难道我在妈妈的眼里也是一头猪吗？”

“你这孩子怎么说话？行啦，不跟你磨嘴了，快去做明天上学的准备吧。咳，愁死人啦！”

“妈妈真讨厌！”

听了妈妈的一番话，秀秀又恼又羞，甩头走进房间哐地关上了门。“在学校被嘲笑为猪已经够气愤的，回到家，妈妈不但没有安慰反倒数落一通，难道这世上真的没有为我说话的人？”秀秀气愤之余甚至想，“明天上学他们再叫我一声猪我就给他们一个拳头。”对秀秀来说，这是一个愤怒难消的夜晚。

难道妈妈也认为秀秀像一头猪吗？绝对不是。妈妈只是伤心之余呵斥一下儿子罢了。孩子一旦情绪低落，父母往往跟着孩子一起闹情绪，甚至比孩子还要激动。从父母的立场来看，我们希望自己的孩子天天过着幸福的日子，可孩子在外面遇到不愉快的事情，父母其实比孩子还要着急。

妈妈说那一番话也许是为了纠正孩子的坏习惯，可说着说着不由自主地发了一通火。孩子在午餐时间多要一份烤肉却遭到拒绝，这对妈妈来说无疑是个伤心的事情，孩子们嘲笑儿子是一头猪也伤透了妈妈心，而在当时的情况下，儿子懦弱的几近傻子般的模样更令妈妈难过。

谁都希望自己的孩子走在鲜花盛开的人生路上，可我的孩子为什么总是遇到这样那样的难题呢？遇到难题又为什么不能大大方方地去应对呢？此时妈妈的心情五味杂陈。

我们每个父母要好好地反思一下，当孩子高兴的时候父母仅仅以“哇，是吗！”“嗯，啊”等言辞应付，可当孩子情绪低落、感情受伤的时候是不是像秀秀妈妈那样用粗俗的语言去应付呢？因为难过，也为了改变孩子的性格，父母想说给孩子的话自然很多，甚至还会责骂孩子。可从孩子的角度上看，父母没完没了的唠叨会给孩子本来低落的情绪雪上加霜，只能增添负面效应。孩子们甚至会想“悔不该向妈妈说那件事”。

当孩子向父母表达负面情绪时，父母首先要做的事情，是帮助孩子调整好或沮丧或愤怒或悲伤的情绪。孩子的负面情绪需要有人去包容打消、去接受并释放，可我们的父母在包容或打消之前往往先向孩子发火，想用高压态势抑制孩子的情绪。

“就那么点儿事情，至于跟同学们过不去吗？”

“又怎么啦？为什么每次都像傻子一样被人欺负？”

孩子处理不好自己的情绪容易顶撞妈妈，跟妈妈生闷气。他们把心中的不满积累起来，等到哪一天在意想不到的场合下像火山喷发一样发泄出来。

那么，有没有解开孩子积怨的机会呢？有！那就是孩子在外面未能自行处理负面情绪而找到父母的时候。这也是提升孩子自尊心的机会。只要父母积极地包容孩子的负面情绪，孩子的负面情绪会得到升华，找回自己的存在感和稳定感。因为在孩子的心目中，父母是唯一信赖的人，是唯一感知自己心中的不快、为自己稳定情绪的人，也是唯一指明自己前进方向的人。自尊心的各种要素中，“安全感”是只有消除负面情绪找回稳定情绪才能产生的要素。因此，我们千万不可忽略对孩子负面情绪的反应。

父母指南

1.耐下性子听完孩子的讲述

如果孩子用不满的口气和表情跟父母说话，父母也会跟着心情烦躁，继而对孩子发火。事实上，耐心听完孩子的讲述是很难做到的。这个时候我们不妨这样默念：

“还是先听听吧，不要急着上火，听到最后一句话。”

听好孩子的心声才能教好孩子。

2.不妨向孩子了解一下当时的心情

“当阿姨说‘烤肉没有了。菜是平分的，每个人都一样多’的时候你的心情怎么样？”

孩子也许慌张，也许上火，如果性格内向的话也许会尴尬得无地自容。父母首先要理解孩子当时的心情，然后诱导孩子对当时的情绪进行自我诊断。

“当时我很尴尬。”

事实上，当时阿姨的那一句话也许根本不是有意为难孩子。

“你要知道阿姨并不是有意为难你。”

“她只是跟你说明今天烤肉没有剩余罢了。”

“学校食堂的饭菜是全校学生共同吃的，所以只能平均分配。”

不要急着否定孩子的情绪，先观察一下孩子的诉说中有没有误会的部分，如果找到了就帮助孩子消除那部分误会。

再比如发放赠品，排长队好不容易轮到孩子赠品却发完了。遇到这种情况，有些孩子自叹老天不公，“为什么这样的事都发生在我一个人身上”，甚至埋怨自己的命运，“我就没这个命”。我们平时要加强对孩子的教育，不让他们抱有自叹不如的自卑心理，也不要产生被人晾在一边的消极情绪。自尊心可以靠别人来培养，可更重要的是靠自己来培养。

3.当朋友说孩子“你是一头猪”时，父母该如何教孩子应对?

朋友也许是开了一个玩笑，也许是单纯为了搞笑而说的。可惜我们的孩子还没有包容、化解这些玩笑的能力。这就需要父母经常与孩子对话，在对话过程中逐渐让孩子学会包容和化解这种玩笑的能力，使得孩子的嘴里能说出“妈妈，我想他不一定真的把我看成猪，可能就是一句玩笑”之类的话。如果不通过与妈妈的对话去消除负面情绪，那么孩子则对这个社会不可能产生安全感、信赖感。相反，通过与父母的对话学会正确消除负面情绪的孩子，其自尊心也会进一步提升。自尊心出自孩子对自己世界的安全感，即，当孩子认为自己的世界是安全的时候才会产生自尊心。只有这样的孩子，才能以积极的心态去看待世界、挑战世界，感受成就感。

孩子的语言技巧

①想添加菜肴的时候

“阿姨再给我一份烤肉。”（×）

“今天的烤肉真好吃！阿姨，能不能再给我一份烤肉？”（√）

②被人拒绝的时候

“那里不是还有嘛，为什么不给我添一点儿？反正留着也是扔掉的嘛。”（×）

“噢，是吗？今天的菜太香，所以只是问问罢了。谢谢！”（√）

③朋友们说你“像一头猪”的时候

“我像猪？我看你才像猪呢！往后再也不跟你一起吃饭。”（×）

（看着朋友的眼睛）“说那种话容易伤感情，往后不要再说好吗？”（√）

（幽默地）“要是猪听见了该多么伤心呀！”（√）

05

左右兄弟姐妹之间友爱的语言技巧

阳光灿烂的一个周末，大京一家与大京朋友的家属一起到近处的公园去消闲。大京与大京朋友们分两个组玩儿游戏，可有一个组多一人需要去掉一个。孩子们困惑的目光一下子集中到了大京的妹妹小京身上。其实大京也一开始就觉得带妹妹一起玩儿有些麻烦，此时又意识到朋友们的心思，便跟妹妹说：“小京，这次是姐姐们玩儿的游戏，你就到爸爸妈妈那儿去跟他们一起玩儿吧。”

“姐姐，我要跟你在一块儿。你不带我玩儿，我在一旁看也不行吗？”

“不行，你在这里会妨碍我们玩儿游戏的。听话，姐姐叫你去你就去。”

朋友们用沉默支持大京的做法。他们虽然谁都没说，可目光里却充满小京应该识时务地主动离开这里的意思。小京被姐姐和朋友们的面色吓到，迈着极其不情愿的步伐朝父母那边走去了。

爸爸：你怎么这么快就回来了？

小京：……

妈妈：我的小京的脸怎么突然变阴了呢？

小京：我想跟姐姐她们玩，可姐姐不让我玩。我说我只看你们玩……可姐姐说那也不行。姐姐真讨厌！

一家人度过愉快的时光回到了家。回家后妈妈问大京：“怎么样，今天玩儿得尽兴吗？”

“嗯，玩儿得太高兴了。妈妈，咱们下回再去那个公园。”

“好呀，我的大京玩儿得高兴，妈妈也高兴。可在公园为什么把小京排除在外只管你们自己玩儿？我看小京也很想跟你们一起玩儿嘛。”

“啊，那是……那是因为分两伙玩儿人数多了一个，再说我只想跟朋友们一起玩儿。其实我不是讨厌小京，只是她年龄也比我们小，带她一起玩儿我还得经常看着她，麻烦得很。”

“噢，原来是这样。”

接下来妈妈很想说：

“小京可是你的亲妹妹，你怎么能说麻烦呢？在朋友面前不能撵走妹妹，也不能冷言相待。在家里你对妹妹怎么做都行，可在外面绝对不能欺负妹妹。不仅不能欺负，还要比在家的时候更亲切地对待妹妹。如果大京你在朋友们面前随意对待妹妹，朋友们马上就跟着你随便对待妹妹。她们想排除就排除，想支走就支走，甚至想骂就骂。只有从你做起爱护妹妹，别人也才会爱护妹妹。如果有人随意对待你最心爱的妹妹，你心里好受吗？记住，往后不许在人多的场合随便对待妹妹，听明白没有？”

可妈妈欲言又止，还是先理解了大京的心情。别的朋友都没有带弟弟妹妹，玩儿起来自由自在，可大京与她们不同，一边玩儿一边还要照顾妹妹。想到这里，妈妈将想对大京说的话的次序倒过来，先从大京的角度上述说她的难处，然后再提醒大京往后要好好爱护妹妹。

“可不是嘛，有妹妹在一旁确实妨碍你们玩儿游戏，你也对不住朋友们。”当妈妈说到这里，准备接着说“可不管怎么样你还是应该带好你的妹妹”时，大京抢先接过了妈妈的话茬。

“嗯，妈妈，我明白了。下回我一定好好带小京，尤其在朋友面前更好地爱护妹妹。妈妈，要不要现在去跟小京说声对不起呢？”

妈妈一把抱住大京，说：“太好了。看到姐姐疼爱妹妹的样子，妈妈非常感动。谢谢你，我的女儿。”

父母指南

在这里首先给大京妈妈睿智的做法点赞。妈妈没有先说“不许你那样对待妹妹！”，而是先说“噢，原来是这样”。妈妈先仔细倾听孩子当时的想法和理由，然后用平静的口气耐心说明为什么要在众人面前善待妹妹。妈妈简短的这“一句话”给了孩子自我思考、自我判断的时间。如果妈妈说一句“不管什么时候你做姐姐的必须要带好妹妹”，那么大京心里就会产生逆反心理。如果父母只听弟弟妹妹一方的言辞对哥哥姐姐进行一番训斥，哥哥姐姐会越来越讨厌弟弟妹妹。事实上，在哥哥姐姐的眼里，最心疼的是弟弟妹妹，同时最讨厌的也是弟弟妹妹。朋友们都在自由自在地玩耍，可大京却因妹妹在一旁寸步不离不可能放开玩耍，妹妹的确成了负担。如果父母理解哥哥姐姐的这种心情，那么哥哥姐姐心里就产生确实对不住弟弟妹妹的想法；相反，如果父母把哥哥姐姐说成“不带弟弟妹妹玩儿的，都是讨厌的哥哥姐姐”，那么哥哥姐姐会立刻把怨气撒在向父母告状的弟弟妹妹身上，同时也会埋怨不了解事情的原委一股脑儿地偏向弟弟妹妹的父母。不管孩子讲什么，只要妈妈静下心来倾听孩子的话，孩子的心里就会产生自信和自尊。

“看来妈妈是真心疼爱我”，“妈妈是在为我说好话”，“既然妈妈这样珍惜我，那我也应该珍惜妹妹（弟弟）”。孩子的正面思维是在这样的过程中形成的。孩子把从父母那里学到的语言表达方式应用在别人身上，从中感知自己也在一步一步成熟、成长。孩子的自尊心也是在这个过程中得到提高的。

事实上，左右兄弟姐妹之间关系的是父母。在日常生活中，兄弟姐妹之间经常会发生一些小摩擦，如果父母对那些小摩擦处理不当，就会给孩子心里留下“我是个不会照顾弟弟（妹妹）的坏孩子”的内疚感，或是认为“应该有这样的理由吧”；如果处理得当，会使哥哥姐姐率先理解弟弟妹妹的心情，使小摩擦变成增进兄弟姐妹情感的契机，也会使孩子们成长为老成持重、胸有丘壑的人。

“在别人面前爱护妹妹，你们姐妹俩也才能受到别人的善待。”大京妈妈虽然没有直接说这话，可她已经向孩子传授了该传授的一切。

孩子的语言技巧

①当朋友们在游戏中提出排除妹妹的建议时

“你们凭什么不让我妹妹玩儿？我很不高兴。”（×）

“同学们，我妹妹也想跟你们一起玩儿，咱们带她一起玩好吗？”（√）

先征求朋友们的意见，然后再问妹妹

“那让我妹妹当裁判怎么样？”（√）

“妹妹，你给我们当裁判好不好？”（√）

如果非要排除妹妹的话

“你上那儿去待着吧，别妨碍我们玩儿游戏。”（×）

“妹妹，现在人数多了一个，你在一旁看姐姐们玩儿游戏好不好？”（√）

（说明当前的情况）“没办法，只好姐姐们自己玩儿游戏了，下回带你一起玩儿好吗？”（√）

②正在跟朋友们玩的时候，妹妹走过来说有话要说

“你没看见我正在玩儿游戏吗？回家再说！”（×）

“有话要说？等我玩儿完这一局再说好吗？”（√）

③当弟弟无理取闹时

家里人玩掷骰子游戏时因爷爷掷错骰子而处于不利的境地

弟弟：（举起拳头）“都怪爷爷。这一局输就输在爷爷身上！”

哥哥：“你小子没大没小，敢跟爷爷这么说话！”（×）

人多的时候不要指责弟弟妹妹，他（她）们会很难为情的。

哥哥：（按下弟弟的拳头）“弟弟，我有话要说，你出来一下。”（√）

把弟弟领到只有两个人的地方再批评弟弟。

“你不能跟爷爷说这种不礼貌的话，更不能挥舞拳头。这是因为……”

06

能提升自尊心的建议的表达方式

小民是个求知欲很强的孩子，所以平时上好几个课外辅导班。这天从辅导班下课，小民蹦蹦跳跳地找朋友们玩儿。与朋友们玩儿当然很重要，可小民还不想放弃跆拳道课外、英语课外、电脑课外。由于这些课外几乎排满了一周的课余时间，小民去找朋友们玩儿经常比约定时间要晚一些。怕朋友们为了等候自己而耽误玩儿游戏，小民总是先向朋友们求得谅解。

这天也跟往常一样，小民向朋友们提前打了招呼："我要去课外班，可能晚十五分钟左右，你们就别等我，先玩儿吧！"为了赶时间，课外辅导班结束后，小民一溜小跑来到了游戏场，可不知为什么小虎的表情有点阴沉。

“小民，你怎么每次都来得这么晚呢？”

“啊……对不起，因为上了课外。”

“我说这话是为了你好。说实在的，你跟我们一起玩儿没有一次按时来过。你看你耽误我们多长时间，我们凭什么要等你这么长时间？”

“那倒是，可我也不是故意迟到的呀。不过，你说话怎么这么难听呢？”

“喂，给你提个建议，你得好好反省一下。想玩儿就不要去课外，去课外就不要跟我们约时间，在我们这里不要随心所欲好不好？好像就你一个人忙似的！”

“我还真怕你们等我，所以我每次都事先给你们发短信，还有每次来这里我总是跑步过来的，这还不够吗？算啦，今天我回家，你们自己玩儿吧。”

小民本想好好跟他们解释，可小虎的话实在气人，于是小民垂头丧气地往家走了。“我来晚不是故意为难朋友，而且每次都求得谅解，每次都想尽办法早点赶到，可小虎不理解我的心情还一个劲儿地挖苦我……”小民越想越觉得小虎太不近人情。

“儿子，发生了什么事情吗？”

“没有，爸爸。”

“可是，你的表情不对呀。来，说说看，到底发生了什么事情。”

“爸爸，因为我天天上课外，所以与朋友们约定的时间总是要晚一些。可我每次都跟他们说过了呀。你猜今天小虎怎么说话？他说我每次都迟到，要继续这么下去或者不要去课外或者不要跟他们约时间。你说我错在哪里了？他还说这都是为了我好，可听了他的话，我的心情一点儿也不好。”

“嗯，看来我儿子确实受委屈了。你是为学习、为朋友都做了努力，可小虎那么一说很容易叫人伤心。”

“没错。我现在真的后悔当初为什么跟他们走得那么近。还有，因为这个事，课外也不想去了。”

“你先听听爸爸的话好不好？”

爸爸给小民讲了印度领导人甘地的逸事。

有一天一位母亲领着孩子来到了甘地总理面前。那位母亲向甘地说：“请您跟我孩子说不能再吃糖。”母亲认为甘地一句话就可以改掉孩子爱吃糖的毛病。听到这话，甘地向那位母亲说：“请您三天后再来这里。”

三天后母亲领着孩子再次来到了甘地面前。甘地看着孩子的眼睛说道：

“孩子，以后你就不要吃糖了。”

母亲满腹疑惑地向甘地问道：

“甘地先生，您为什么三天前没说这句话呢？”

甘地回答母亲的问话：

“因为直到三天前，我也跟这个孩子一样喜欢吃糖。”

父母指南

讲完甘地的故事后，爸爸跟小民一起讨论了有关建议的话题。

如果建议不当，不管是提建议的人还是被建议的人心里都会难过，自尊心也会受到伤害。相反，如果建议得当并被人接受，那么这个建议会使人们自觉查找自己的不足之处，从而激励人们更加积极向上。甘地的故事讲的就是这个道理。

事实上，从被建议人的角度讲，建议往往被认为是“挖苦的声音”，所以一般情况下很难被人接受。提出建议的人也一样，尽管考虑再三提出建议，可这个建议不一定原原本本地传递反映提建议者本人的初衷。如果非要提出建议不可，那么就要学会如何在关照对方的前提下提出建议。

“听完甘地的故事，小民有什么想法？甘地完全可以隐瞒自己也爱吃糖的事实，向孩子建议‘经常吃糖会吃坏牙齿，所以今后不要再吃糖’。可甘地为什么当时（三天前）没有说呢？”

“是不是因为他的良心不允许他这么说？一个大人自己爱吃糖却不让小孩吃糖，那是违背做人的道理的。尤其像甘地那样的名人更不应该那样说话。”

“是的，爸爸也那么想。我想你也听说过‘乌鸦笑猪黑’的俗语吧？”

“嘻嘻，爸爸，我听懂你的意思了。以前妈妈也讲过类似的俗语，叫作‘五十步笑百步’。我也知道这是什么意思，不知道自己的毛病有多大，却指点人家的小毛病，对不对？”

“哇，我儿子真了不起，还能记得这样的俗语。妈妈也了不起，给你讲了这么棒的俗语。建议者敢于提出一种建议，正说明他自己没有那种毛病。人活在这个世上，既有向别人提出建议的时候，也有接受别人建议的时候。提出建议时我们要像甘地那样经过深思熟虑再提出来。小虎说的虽然不中听，也因此伤了你的心，但你要知道他说的本意有可能是想早点跟你一起玩儿，可你又不能按时赴约，于是出于遗憾的心情说出那番话的。如果小虎说得再婉转一点儿，或者再亲切一点儿，你也不会这样难过的，对不对？”

我们要告诉孩子们，建议并不是为了贬损你的自尊心，而是为了提升你的自尊心。因此，当有人向你提出建议的时候，你不要反应过度，也不要急于反驳，要心平气和地说一声“谢谢你的提醒”“谢谢你的劝告”。前面也说过，这是一件不容易做到的事情，因此，我们要教育好孩子在他人的建议面前首先要消除误会，然后再虚心接受他人的建议。只有这样，我们的孩子才能成长为有度量、有修养的人。

“在给朋友提出建议的时候，首先要考虑是不是为你自己着想的，其次要考虑是不是对你对朋友都有益的建议，最后还要考虑是不是为了将来而不是为了揭人家的过去而提出的。如果按照这个标准考虑后再提出建议，所提出的建议会变得更加慎重，也能减少相互伤感情的事情。

“接受建议也一样。我们早晚会接到来自某一朋友的建议。这个时候，你要相信人家也是按照上面的标准，经过深思熟虑之后提出的，因此，你应该以感激的心情欣然接受。”

建议传达法

“你信息传达法（You-message）”——“都怪你”式的传达法

“我说这话是为了你好……”（×）

“你到底为什么要这么做？”（×）

“我信息传达法（I-message）”——“我的想法”式的传达法

“希望你做到……”（√）

要告诉孩子，你给别人提出建议，别人肯定不会心服口服地接受。如果孩子知道这个道理，就会成为谨言慎行、充满爱心的人。

孩子的语言技巧

1.提出建议或忠告时要有一个标准

①慎重考虑建议的理由是否充分

“我为什么要提出这个建议？”

②要考虑如何建议才能传达到位

要多讲究语气、表情、态度、手势等。

指着朋友的鼻子，或用教训的语气，或用嘲讽的语气说：“喂，我说这话都是为了你好。”（×）

③重审建议的客观性

用自定的标准说有利于自己的话（×）

在客观角度上说有利于自己、有利于朋友的话（√）

④建议要适中

所提出的建议不是为了指责过去，而是为了现在和未来更好，提出这种建议时，需要使用“我信息传达法（I-message）”。

“跟你一起做作业真好，只是你没有按约定时间赴约而伤心遗憾。（我希望我能和你相处好，今后继续做好朋

友）”（√）

以断绝关系为目的的建议已经失去了建议的意义，因此没必要再提出来。

“就因为这一点，我以后再也不见你了。”（×）

“因为这个理由，我不想再跟你交朋友。”（×）

⑤向接受我的建议的朋友表示谢意

接受建议意味着对方十分珍惜我说的话，因此一定要说一声“朋友，谢谢你接受我的建议”。

2.在朋友“总是不遵守时间”的时候提出的建议

第一次、第二次就那么过去，如果第三次、第四次连续失约，那么经过深思熟虑之后向他提出建议。

①提出建议之前先重新审视自己

“我是不是守约的人？”

确定自己从未失约，然后再给朋友提出建议。

②提出建议时表情要温和，语气要平静

“朋友，有句话我必须对你讲，尽管你不爱听。”

③要沉着冷静地应对朋友的反应

当朋友不能接受你的建议的时候

朋友说：“喊，你也有过失约的时候，还是先管好自己吧！”

“我什么时候失约过？从来没有！”（×）

“是啊，以前好像有过。咱们还是一起努力吧。”（√）

“谢谢你告诉我。”（√）

当朋友为你提出建议而表示谢意的时候

如果朋友说“谢谢你给我提出宝贵的建议”，那么你应该回敬谢意：“其实这话我也是好不容易说出来的，没想到你这么愉快地接受，我真心感谢你。”

3.提出建议、接受建议时的正确态度

①提出建议之前

“我的这个建议确实是为了我和我的朋友和睦相处的建议吗？”

“即使朋友误会我的建议，我也不会失望的。”

②提出建议的时候

“不能以建议为借口诽谤朋友。”

“用平静柔和的语气和表情谨小慎微地向他提出建议。”

③接到建议的时候

“他也跟我一样，肯定是经过深思熟虑之后说出来的。”

“他说这话不是为了跟我闹别扭，而是为了我们今后更好地相处而说的。”

第五章

说话有条有理的秘诀

01
用“六何原则”把话说清楚

“妈妈，他给我买了这个！”

小贤放学回来将书包扔在沙发上，兴奋地向妈妈说道。可妈妈听不懂儿子在说什么。因为小贤没有讲清楚“谁”给他买了“什么东西”。再看小贤，手里拿着一块炒年糕，嘴角上也沾了年糕调料。不敢确定是谁给他买的，可十有八成是一个同学给他买了纸杯装的炒年糕。可这毕竟是妈妈的猜测，到底是谁、在哪里、在什么时间、为什么给他买的，还是不清楚。这个时候我们该做出什么样的反应呢？是像妈妈猜测的那样去问“炒年糕是朋友给你买的？”，还是问“他到底是谁，说句叫人听懂的话行不行呀？”？

孩子还不会像大人那样有条有理地说话，尤其像小贤那样正处于兴奋状态的时候，说话更是语无伦次颠三倒四。这就需要我们大人引导孩子使用六何原则对话法，即说话要讲明“何人、何时、何地、何事、如何、为何”六个因素。语言的表达力提高了，对说话人的信赖度也会随之提高。

即使孩子掐头去尾地说话，妈妈还要以六何原则为基础再问一遍。

“你那样说话妈妈怎么能听懂？”

用这种语言当面驳斥，孩子就无法与妈妈继续对话。这个时候妈妈首先要用六何原则做示范。

“我的儿子，你今天这么高兴妈妈也高兴，可妈妈想知道到底是谁，为什么给你买炒年糕呢？”

小贤兴高采烈地回答妈妈的问话：

“妈妈，你认识我的朋友小民吧？是他今天给我买了炒年糕！这个炒年糕我一直很想吃，可我不想一个人买着吃！”

是朋友小民给他买的。这里已经出现了“何人”。妈妈又附和道：

“哦，是朋友小民给你买了炒年糕（何事或何物）呀。”

小贤还没有说出“何地”和“为何”。给人家买东西肯定有什么理由，所以妈妈又问儿子：

“小民为什么给你买炒年糕呢？”

“嗯，我昨天给他看了学校的通知书，为了表示感谢，他今天在校门口给我买了炒年糕。”

至此，“六何”全部出来了。所有的问话和答话不可能全都包含六何原则，可孩子习惯于使用“他”“这个”“那个”等代名词，其语言的准确度就大打折扣，人们对他叙述的关注度也会跟着下降。所以，父母在平时跟孩子说话的时候有要意识地使用“谁”“什么时候”，或者准确地说出“谁”“在哪里”“为什么”“怎么样”，以便孩子也跟着父母习惯性地使用六何原则。

父母指南

在日常生活中，我们不可能每句话都使用六何原则，可传达内容的时候必要的因素千万不可落下，一定要明确地表达出来。牢记六何原则，可让孩子在说话前先把说话内容整理一遍后再说出来，这样说话内容更充实、准确。遵循六何原则还可以提高理解能力。那么我们该如何教孩子呢?

“六何原则是……”

“说话时准确点明‘何人、何时、何地、何事、为何、如何’等因素叫作六何原则。”

如果这样告诉孩子，孩子会觉得太难太复杂。一句话里囊括这么多的东西，孩子在说话之前就产生压迫感，更不愿意说话了。

听到小贤说“他给我买的”，如果妈妈追问“在哪里、为什么、什么东西”，就算问对了六何原则中的几个关键因素，可孩子也有可能落下“为什么”的因素，只回答“我同学小民下课以后在校门口文具店前面给我买的”。

用六何原则提问

"所以我在问你小民凭什么给你买东西呢？"（×）

"那么小民为什么给我儿子买炒年糕了呢？"（√）

对孩子的回答，妈妈重新给孩子整理一遍，这也能帮助孩子学会使用六何原则。

"噢，原来是今天放学以后，小民同学在文具店门口给你买了炒年糕呀，所以我的儿子今天这么高兴。"

再看看一个例子。如果孩子放学回家向妈妈诉苦"他真坏，哼！"，这时妈妈不应该问"他是谁""他为什么跟你使坏"，而是应该适用六何原则耐心地询问事情的来龙去脉。

"心情为什么不好？"（为何）

"跟谁吵架了？"（何人、何事）

先问到这个程度，如果孩子的回答是"那事不是我干的，可他向老师说谎是我干的"，那么妈妈可以进一步询问。

"你给妈妈详细说说，什么时间，在哪里，干了什么事，好吗？"

自然使用"如何、何时、何地"等因素进行对话，父母就更能直接理解孩子说的内容，孩子也会自然养成准确说话的习惯。

养成先整理再说话的习惯，孩子在与他人对话时也不会被人反驳。如果经常被人指责“我听不明白你在说什么”“你到底想说什么”，那么孩子心里就产生语言恐惧感：“看来我真的不会说话。”

“你那样说话我一句也听不明白。”父母向孩子这样说话，对提高孩子的表达能力不会带来任何帮助。经常这样说话，孩子不仅失去自信感，还会产生逆反心理，从而越来越脱离逻辑思维方式。我们要让孩子培养越是心情复杂、越是情绪激昂的时候，越要觉着冷静、有条有理地叙述事情整个过程的习惯。

孩子的语言技巧

说话要有条有理

“妈妈，这是他给我买的。”（×）

让孩子追加“谁，什么时候，在哪里，怎样，什么东西”：

“妈妈，今天放学后小民在文具店前面的小吃店给我买了炒年糕。”（√）

让孩子追加“为什么（理由）”：

“看来小民早就想跟我一起吃炒年糕！”（√）

“我昨天给他看了学校的通知书，为了表示感谢，他今天在校门口给我买了炒年糕。”（√）

<TIP>口才练习

①拼词练习

[高高兴兴][小民][星期天][跟爸爸][在公园][散步]

星期天，小民跟爸爸在公园高高兴兴地散步了。

[跟爸爸妈妈][大象][动物园][小贤][观赏][周六]

周六，小贤跟爸爸妈妈在动物园观赏了大象。

②了解漫画书的内容

父母指导："这其实很简单，首先要先记住主人公的名字，然后再弄清在什么地方发生了什么事情。还有，既然是漫画书，那么肯定有背景和事件，还会有时间。要注意时间节点，什么时间发生的事情，是昨天还是一年前，或者是明天要发生的事情。"

孩子也想："这本书里最重要的是什么来着？我得记住主人公在什么时候什么地方都经历了哪些事情，当然还要记住主人公用什么方法去解决困难。"

③对漫画书里的内容进行归纳总结

漫画书字不多，看完之后用几句话归纳起来给妈妈讲讲书里的故事。归纳的时候使用六何原则对提高表达能力会有更大的帮助。

02
被提问时的说话技巧

老师：同学们，假期过得愉快吗？小宇在整个假期都做了什么？

小宇：没做什么，就是玩儿了。

老师：就是玩儿？假期要过得充实一点儿嘛。妍妍你呢？都做了什么？

妍妍：老师，我讲讲假期旅游体会也可以吗？

老师：好啊，都去过哪些地方，在那里做了什么？

妍妍：我在这个假期跟爸爸妈妈一起去了一趟济州岛。在那里看到骏马奔驰的情景，还吃了黑猪五花肉。我们还乘坐了能看到海底的透明皮艇。坐那个皮艇太好玩儿了。

老师：老师听着都兴奋。看来妍妍这个假期过得很有意义呀。

妍妍：是的，老师。看海底是个非常新奇的体会。

我们在一生中要面对各色各样的提问。老师向小宇和妍妍提出了同样的问题，可小宇和妍妍的回答却截然不同。

两个孩子都回答了老师的问题，可回答的内容和亲和度显然不一样。由于小宇只是说“就是玩儿了”，所以没有得到老师的表扬和迎合，也给老师留下了“假期过得不充实”的印象。

相反，妍妍的回答给大家留下了集中精神倾听老师的提问并为了回答圆满做出努力的印象。所以妍妍的回答令老师非常满意，也得到了“这个假期过得很有意义”的评价。

如果我们的父母是老师的话，喜欢怎样回答的孩子呢？老师都希望孩子做出恰当的回答。如果做出适当的回答，那么老师感到满意，孩子也能得到老师的认可。老师提出什么样的问题固然重要，孩子回答问题的态度也很重要。我们的孩子被问到问题时，应该采取什么样的姿势和态度来回答呢？父母们有必要教孩子在被问到问题时学会如何回答。

什么是恰当的回答和令人满意的回答?

老师问了孩子一个问题，孩子在倾听老师的提问。“这里有好几种颜色，请你回答你最喜欢的颜色并说明喜欢那个颜色的理由。”面对老师的问题，孩子礼貌地回应：

“老师，您是说让我选择我最喜欢的颜色并说明喜欢的理由，对吗？”

“嗯，没错。”

正确理解提问内容后，孩子条理分明地做出恰当的回答。

“是，老师。我最喜欢的颜色是黄色。因为黄色给人以温暖的感觉，还叫人联想到郁金香、迎春花等漂亮的花。所以，一看到黄色我的心情就特别好。”

老师夸赞孩子回答得很好。

那么什么是恰当的回答或令人满意的回答呢？将自己的想法清晰地整理，然后如流水般顺畅地回答，这样的回答叫作恰当的回答或令人满意的回答。说话有点儿结巴也不要紧，只要正确理解老师的意思，准确说出老师想知道的内容，满足老师的要求，都属于恰当的回答或令人满意的回答。

要想做出恰当的回答或令人满意的回答，首先要端正姿势倾听对方的问题。要注意表情，表情往往隐含着一个人的心理活动。当被老师提问时，目光一定要集中在老师的脸上。父母最好在家里经常模拟老师与孩子对话的场景，以提高孩子回答问题的能力。

第一步：老师的提问

“在旅游地你吃得最香的食品是什么？”

老师提问时，孩子应该点头倾听，等到提问结束就向老师复述一遍问题内容以确认自己对问题的理解是否正确。这样可以提高回答的准确度。

第二步：孩子的反问

“老师，您是问我在旅游地吃得最香的食品吗？”

这种“反问”有助于把握问题内容和提高理解度，给人以“集中精神倾听老师的提问”“有诚意的人”的印象。

第三步：孩子的回答

“我在旅游地吃得最香的食品是……”

任何人都喜欢注意倾听自己的问题并积极回应的人。对问题给出积极回应的孩子、有条有理地回答的孩子能给老师和同学留下好印象。得到老师和同学们的认可，孩子的自信就会进一步提高，对于学校生活也觉得更加愉快。

父母指南

别忘了告诉孩子，当老师提问的时候，目光集中在老师脸上、频频点头等“倾听态度”的重要性。还有，让孩子听到老师的问题后复述一遍问题内容，以提高对问题内容的理解度。

如果遇到自己不明白的问题或难以回答的问题，孩子可以向老师求得谅解：“老师，容我再想一想后回答您行不行？”这样的回答也可以让老师反思：“我的问题难度是不是太大了呢？”从而给老师一个机会让他用更加通俗易懂的语言来提问。

一般情况下，大人们对孩子说“想好了再回答”，可大人们并不具体地告诉孩子该怎么回答。要想做到“想好了再回答”，就要“反问”老师以确认问题的内容，就像把想好的事情用语言或文字表达得更为准确一样。因此，“想好了再回答”，实际上是给你一个“反问”老师以确认问题内容的机会。只有反复确认问题内容，才能做到“想好了再回答”。

我们还应该教孩子学会开场白的说法。平时孩子们的开场白大多是“那个问题嘛”来开始，可在正式场合或上课时间，说出如下的开场白效果可能更好些。

开始回答的时候

“老师，我觉得这个问题是……”

“我对那个问题的想法是……”

这种表达方式可以使老师专注于孩子的回答。语言反映一个人的个性和品格。孩子对待问题的态度可以使老师更加专注于孩子的回答。当自己做出回答的时候看到对方（老师或朋友）注意倾听，心里就会产生得到他人尊重的满足感。

根据孩子回答的态度，老师有可能向孩子接二连三地提出问题以表示自己已经对孩子产生了一定的兴趣，也有可能只提出一些流于形式的问题然后马上转向下一个孩子。这两种情况都是由孩子回答时的态度决定的。

如果孩子回答的时候，包括老师在内的多数人专心倾听，那么孩子心里就会产生自信，便更有条理地做出回答。要告诉自己的孩子在听取问题、回答问题时一定保持沉着冷静的姿态。这是把我们的孩子培养成能言善辩、引人注目、令人佩服的孩子的最好方法。

孩子的语言技巧

①倾听老师的问题并要频频点头

“回答固然重要，让老师看到你倾听的样子更重要。”

②为了正确地回答，回答时最好重复一遍老师问题的内容

提问：“请你回答你最喜欢的颜色并说明喜欢这种颜色的理由。”

回答：“我最喜欢的颜色是……”

③根据不同的理解程度可以采用不同的回答方式

已经正确理解问题时

“对老师提出的XX问题，我的想法是……”

一时想不起恰当的回答时

“让我再想想，然后回答您，好吗？”

尚未理解问题时

“对不起，老师您能不能再问一遍？”

03 准确传达自己想法的说话方法

小贤的目光被灿灿的新荧光笔吸引了。颜色奇特，样式也非常酷，的确很抢眼。小贤很想把玩一下那支荧光笔，可一时不知道怎么说好。想了想，还是假装知道荧光笔的功能跟灿灿搭话是最好的办法，于是向灿灿问道：“喂，那是什么东西？”

“你问这个？你还不知道这是什么东西？这不是荧光笔吗？”

“谁不知道？我问你那个东西叫什么？”

“你都知道了还问啥？”

小贤的初衷不是跟灿灿吵架，可话锋却朝着与小贤的初衷相反的方向发展。小贤意图很简单，就是想玩一玩灿灿的荧光笔，如果灿灿允许还想借过来使用一回。

小学低年级学生大部分还不知道如何表达自己的想法，也不知道如何询问自己不知道的东西，所以问话时往往背离自己的初衷，用吵架的口气向朋友发问。这样的发问往往得到“你到底想说什么？”“你问的是什么？”的反问。如果话锋朝着与自己的初衷相反的方向发展，提出问话的孩子会非常被动甚至陷入尴尬的境地。这是因为孩子们还不会准确表达自己的想法导致的，因此我们要教给孩子准确表达自己想法的方法。

父母指南

要告诉我们的孩子准确传达自己想法的方法。小贤向灿灿打招呼，其意图就是想借用灿灿的新荧光笔玩一玩，可荧光笔的主人灿灿却无法听懂小贤的意图。

小贤很喜欢灿灿的荧光笔，想借过来玩一玩。那么，这样的时候，我们该如何向朋友打招呼呢？

想借用朋友物品的时候

“灿灿，我看你的荧光笔真酷，让我摸一下可以吗？”

“灿灿，你的荧光笔真不错，能不能借我用一下？”

小贤的话里包含着“我想摸一下你那漂亮的荧光笔”或“我

想知道你那支荧光笔是在哪儿买的”的意图，小贤完全可以用“把你的荧光笔借给我呗”来直接表达自己的意图，可如果用“我能借用一下你的荧光笔吗？”的劝诱式发问，则更能起到温和的传达效果。

这里有一点儿需要注意，这是大人也经常犯的错误，那就是在说“我摸一下可以吗？”的同时，伸手触碰人家的东西。在第三章里也曾说过，如果向对方借用想要的东西，那么就应该等到对方亲手递过来。这是最基本的礼仪。

求得允许时

“借用人家的东西，可在主人尚未允许的时候伸手触碰人家的东西会怎么样呢？”

“请求之后要一直等到朋友的允许。”

有些时候，不用劝诱式发问，而是把自己的想法直接说出来，效果会更好。下面让我们看看晶晶的例子。晶晶看着小罗吃的面包很想吃一口，于是犹豫一会儿便问小罗：“那个面包好吃吗？”小罗只回答一声“嗯，挺好吃的”却没有说晶晶“你也吃一口吧”。

回到家里，晶晶跟妈妈说：

“妈妈，晶晶真是个小气鬼。上回我把我的零食分给她了，还分给她一半。可今天她吃面包也不给我吃一口，自己全吃掉了。”

这个时候，妈妈应该做出什么样的反应呢？

“哟，这也太不像话了吧？真是个小气鬼。我的晶晶伤心坏了吧？”

妈妈如果是这种反应，只能给女儿受伤的心火上浇油，对女儿的成长没有一点儿的帮助。

“你干吗没有跟她要一口？上回不是分给她一半的零食吗？这次你跟她要一口合情合理呀。”

这样的话也没有任何教育意义，只能说是悔不当初。

妈妈应该首先向女儿问清当时的情况，只有这样才能正确地引导孩子提高语言表达能力。晶晶很想吃一口小罗的面包，在这种情况下与其一问一答，不如直接、准确地传递自己的意图。如果晶晶再犹豫小罗就把面包吃完了，这样晶晶就再也没什么机会了。要好好地教孩子怎么表达“想吃一口”的意图。

想吃朋友零食的时候

“那块面包看上去挺香的，我也想吃一口！”

“小罗，我很想吃你的那块面包。你让我吃一口好吗？”

教孩子口语表达的要领，就要根据孩子们的语言水平去教，这样孩子们也就更快、更容易应用到日常生活当中去。在准确表达自己意图的时候，还要注意一个非常重要的因素，那就是尽管你表达了自己的心愿，但你的表达（请求）很有可能被拒绝。孩子将自己的心愿和请求向对方说得很清楚，可对方有可能不接受你的请求甚至会拒绝你的请求。孩子自以为自己用最好听的话求情了。所以对方理应接受，可对方还是拒绝了。由于孩子的期望值和对方反应的反差过大，孩子显得更加不安甚至伤心。因此，我们还要教会孩子，被人拒绝的时候用什么语言去应对。

同样的道理，我们的孩子接到他人请求的时候也没必要无条件地接受，对方请求仅仅是对方的心愿，孩子没有义务必须接受。如果我们教孩子学会了这些道理，孩子在被人拒绝的时候也不会受到什么伤害，朋友之间也能建立更健康的关系。

是否接受我的请求是对方的选择

“虽然你说得很友好，可如果朋友不情愿，他就有权拒绝你的请求。”

“当朋友拒绝的时候，我应该用什么样的话去应对呢？”

孩子的语言技巧

①需要准确表达自己心愿的时候

想借用朋友物品的时候

“XX呀，你的橡皮借我用一下好吗？”

使用后即刻归还，还是课间继续借用

“XX呀，今天在课堂上我能跟你一起使用你的橡皮吗？”

②当你觉得没必要劝请可以直接请求的时候

· 先考虑一下你和那个朋友的关系是否到位。

· 说清自己的理由，然后向对方提出请求。

· 要用抱歉的语气去请求。

“XX呀，我也很想吃那个东西，让我吃一口好吗？”

“XX呀，我今天忘带橡皮了。很不好意思，今天我跟你一起用你的橡皮好吗？”

③当事情未能如愿以偿的时候

· 被人拒绝既不要尴尬，也不要埋怨朋友（对方）。

· 接受或拒绝你的请求是由对方决定，因此不管对方接受还是拒绝，都要尊重对方的决定。

“喂，我只是想摸一下……真是个小气鬼！”（×）

“啊，这个东西不能借给你，对不起（让你为难了）。”（√）

04
如何做好自我介绍

新的开始总是令人心跳、紧张。已经是小学二年级学生的嘉嘉左看看右瞧瞧，用兴奋好奇的目光打量着二年级新班同学的陌生面孔。班主任老师进来了。

“大家表情明朗，看来假期过得都很愉快呀。一年级时候的同班同学都是认识的，可一年级时不同班的同学就不一定认识了。从今天开始我们将共同学习生活在这个集体里，大家都成了同班同学，所以需要互相认识。现在开始，每个同学做一下自我介绍。”

“……”

“来，嘉嘉你先做自我介绍吧。”

嘉嘉第一个被点名了。嘉嘉平时活泼开朗，社交好，有不少朋友。他口才也好，再加上聪明伶俐，在孩子们当中人气比较高。同学们都用期待的目光望着嘉嘉，希望他做一次精彩的自我介绍。可不知为什么嘉嘉的表情突然暗了下来。

“老师……站起来讲吗？”

“嗯，这也算是一次小小的演讲会，所以都到讲台前来讲吧，好让大家认识一下面孔。”

“嗯嗯……同学们好，我叫嘉嘉。呃，那什么……我在一年级的时候是一班的学生，嗯……”

在众人面前发言已经够紧张的，何况站在讲台前自我介绍！说到自己是一年一班的学生，嘉嘉再也接不下去了。对于下一句话说什么，嘉嘉脑子一片空白。嘉嘉平时是个活泼、善于交际的孩子，却在自我介绍的场合下丢尽了脸。“自我介绍怎么做？让我怎么介绍自己？是叫我说住在什么地方，还是叫我说我有没有哥哥姐姐？唉，真难为人！”嘉嘉实在是接不上下一句话，于是沉默一分钟之后便败退下来了。

哪怕简单介绍，只要干净利落地结束自己的发言，老师也会使眼色让嘉嘉回到座位上，嘉嘉却眼珠子左转转右转转，嘴唇还一个劲地蠕动，让老师以为嘉嘉还有话要说，于是又给了他一些时间。然而可怜的嘉嘉不可能领悟到老师的这番苦心。

“天啊，老师怎么还不开口叫我回到座位上呢？我在这里还要站多长时间呢？我该怎么办？我太难了。同学们又该如何笑话我？完了，彻底完蛋了！”

似乎读懂嘉嘉的心思，同班的小民向嘉嘉喊了一声：“金嘉嘉，说完了就回到座位上，太无聊啦！”

“朋友在做自我介绍，你怎么说人家无聊呢？不像话。好啦，嘉嘉，自我介绍完了就回到你的座位上去吧。”

回到座位上，小民做了一下鬼脸，低声跟嘉嘉说：“嘉嘉，你小子今天怎么啦？一点儿也不像平时能言善辩的金嘉嘉呀。你是不是有点儿不舒服？”

“不，不是。好了，别再问了。”

在陌生人面前，第一个印象是非常重要的，可嘉嘉在新学期第一天就给同学们留下了懦弱无能的印象，嘉嘉心里后悔不已。表面上假装若无其事地挺胸抬头板板正正地坐在座位上，可嘉嘉满脑子想的是如何赶快脱离这场危机。

“假装不舒服到校医室躲避一下？”

嘉嘉心里一团乱麻，至于别的同学怎么做自我介绍的，他根本听不进去。

父母指南

演讲实力不全在于嘴上功夫。当然也有因口才欠缺而演讲受阻的现象，可大部分孩子只是因为演讲会的紧张气氛而大脑一片空白不知所措。嘉嘉就是一个很好的例子。他性格开朗，善于交际，在朋友群里是个响当当的主导人物，可在演讲的时候却判若两人。“自我介绍”，这可是能言善辩的人也多少会打怵的一种场合，在这样的场合让毫无演讲经验的嘉嘉第一个发言，不能不说是强人所难了。

如果事先写好自我介绍的稿子，情况也许不会像嘉嘉那么尴尬。自我介绍就是向大家介绍自己，看似简单，可实际上却远没有想象的那么容易。不过话说回来，只要事前准备充分，自我介绍会比任何一种演讲还要精彩、抢眼。像答疑、面试等即兴演讲场合，因为你无法知道自己将会面对什么样的提问，因此无法事前做出应对方案。自我介绍却不一样，因为“自我介绍”的命题已确定，因此，只要你用心投入精力和时间，就完全可以创造出一个精彩的结果。

为了做好自我介绍，事先要做好自我剖析，看看自己的长处是什么，短处又是什么。精彩的自我介绍会给人们留下良好的第一印象。那么，怎样才能让我们的孩子能够有条理地做自我介绍呢？

首先要告诉孩子在有限的时间内该说的内容。为了让孩子适应各种情况，给孩子一分钟、三分钟、五分钟等不同时间，训练孩子在不同的时间做好自我介绍的能力。为此，我们在平时可以向孩子提出这样的问题：

“你是谁？”

这是一个非常重要的问题。我们到底是谁呢？这是让我们的孩子重新审视自己的一个问题。除了姓名、年龄、父母、兄弟姐妹、兴趣爱好以外，能够描述孩子特征的还有什么呢？

用提问的方式让孩子重新审视自己

“转眼到了二年级了。回想过去的一年级，你都有什么感想？”

“你觉得你最拿手的，最自信的东西是什么？”

“你最近最感兴趣的是什么？”

现在我们一起看看自我介绍的方法。

第一步：要认识自己

爸爸：你是谁？

孩子：我叫金嘉嘉，住在幸福公寓，家里有一个哥哥，现在是幸福小学二年级四班的学生。

要在轻松的气氛下向孩子提问，也不要限制时间。父母也要跟孩子一起练习自我介绍。平时要反复练习。

“爸爸的名字叫作……”

“妈妈的名字叫作……”

如果在爸爸或妈妈面前用练习觉得害羞或尴尬，那么也可以在纸上或卡片上练习写一篇自我介绍的短文。这时最好是父母一起参与写自我介绍短文。先写上与爸爸妈妈共同生活的回忆，再写上自己喜欢的漫画人物或动物，还有特殊的记忆、价值观、现在的目标、将来的目标等自己的“历史”，最后从中选出自己想特别强调的东西。

“你想强调哪些东西？”

“妈妈，我想给大家说明我名字的含义，还想让大家知道我最喜欢的是什么。我房间里还有很多我最喜爱的乐高，我想把那些东西也跟朋友们炫耀一下。”

像嘉嘉这样介绍自己的兴趣爱好或值得骄傲的地方也是可以的。只要不是用傲慢的语气或表情，介绍自己所做的好人好事或值得夸耀的事情，也有助于让初次见面的新朋友们了解自己。此外，也可用书写或与父母对话的方式理清自己喜欢的运动、想学的东西、有信心的科目、今年的目标等内容。只要反复整理有关“我”的各种事件、回忆、计划，心里就会形成一个完整的自我介绍文本，这样，遇到再紧张的状况，也可以在规定的时间内娓娓道来。

第二步：备好一分钟、三分钟、五分钟的自我介绍台词

确保了一些自我介绍所需的关键词，就整理一下时长一分钟、三分钟、五分钟的台词。一分钟的台词最好去掉没必要的冗言赘语，只挑必要的、重要的事项。例如，现在已经都是二年四班的同学了，因此没有必要在自我介绍中提“我是二年四班的学生”。如果写好了一分钟、三分钟的稿子，就大声念几遍进一步熟悉熟悉。

<TIP>练习程序

1. 以立正姿势站在镜子面前独自练习几遍（注意表情、站姿等）。

2. 在爸爸妈妈面前试讲一遍。

3. 录制自我介绍。

4. 根据录音再次确认一下嗓音的大小、语速的快慢、强调部分的语气以及需要删除的内容等。

5. 制作成影像资料反复看几遍。

第三步：给家里的每个人制作自我介绍影像资料

对自我介绍有了一定的自信以后，让家里的每个人站在摄像机前面做一下自我介绍，制作全家人的自我介绍影像资料。制作过程也是自我介绍的一场练习，还可以通过摄像提高演讲实力。还可以将影像资料永久保存下来，使之成为全家人幸福的回忆。通过影像资料可以再次检查一下自己的表情、姿势、语气、语调、语速等。演讲时语言的组织能力固然重要，可洒脱的气质、不凡的风度、充满自信的神情以及明朗的表情更为重要。

<TIP>父母的指导要点

①父母先站在摄像机前做示范。

②在孩子自我介绍时不要批评孩子的言行或自我介绍内容。

“站姿斜歪，还摇晃身子，你这样的姿势会降低信赖感的。”（×）

③用什么样的姿势演讲，家里人可以发表自己的见解

“挺胸抬头，双腿略微分开，这种站姿看上去比较稳定。”（√）

05
教导孩子想好了以后再说话

“你说话要多想一想再说好不好？”

“你有没有用脑子想过？”

“你怎么随便说话呢（不动脑子）？”

你有没有对对方的话有过这样的反应或心里想这样回撑过？如果有，那么没有一个人会感到愉快的。不管你说的话多么无关紧要，听到这样的话，无论谁，都会感到大伤自尊。

用什么样的心态说话，说什么样的话，传达给对方的意思可能就完全不一样，人们对你个人的评价也完全不一样。大人为什么总劝告孩子“想好了以后再说话”呢？下面我们通过小尹和小雅的一个小故事来分析一下说话不能脱口而出的道理。

小尹和小雅是一对闺密，小尹特别喜欢跟小雅一起玩儿。由于对事情的看法相似，两人聊起天来非常轻松，有时会用电话互相诉说伤心的事情，聊完后心里的悲伤便即刻冰消雪融。尽管两人是亲密无间的好朋友，但小尹对小雅的一个毛病一直耿耿于怀，那就是小雅说话的语气和表达方式。小雅确实有一个不好的习惯，即总是用反话来表达自己的意思。

有一天，小尹过生日，她从父母那里得到了一双早就想要的漂亮的鞋子。为了得到这双鞋，小尹每天打扫整理自己的房间，遵守了和父母的约定，不管是在学校还是在家里都十分听父母的话。收到礼物的第二天，小尹便穿着新鞋到学校向小雅炫耀。

“小雅，你看我这双新鞋漂不漂亮？”

“你又买新鞋了？你真有钱！”

小雅的这句话让小尹的心顿时凉了一半。一句“又买新鞋了”已经够俗气的，再加上“你真有钱”，小尹伤心得差点儿掉下眼泪。小尹很想听小雅说一声新鞋很漂亮，可小雅还是按照老习惯说了一句反话。以前一直忍了，可今天还是这么说话，小尹简直要气炸了。难道小雅真的不知道自己向她炫耀新鞋的心情吗？两个孩子是无话不说的一对闺密，小雅不可能不知道小尹的心情。小尹的情绪糟糕透了。“小雅怎么会说出这样的话呢？”已经伤透心的小尹不知不觉向小雅说出了自己的心里话。

“你说话怎么想都不想就说出来呢？难道你不知道我的心情吗？告诉你，这双新鞋不是我花钱买的，是我妈妈爸爸送给我的生日礼物。我真想跟你炫耀炫耀，很想听你一句漂亮的话……”

听到小尹的话，小雅也脸红了。因为小雅心里想说的并不是那个意思。没想到自己无意中说出的话竟让小尹如此大动肝火，小雅一时不知怎么办才好。事实上，小雅本人也早已知道自己的语言习惯并不怎么好，因为几天前小雅曾亲口对小尹坦白过：

“小尹，为什么我总是说的和想的不一样呢？”

忘记曾向小尹诉说自己语言毛病的烦恼，今天旧病复发又说出了违背自己心意的话，还是在自己最爱惜的闺密面前。小雅为小尹再次受到伤害心里懊悔不已。

仔细查看孩子说话，说反话或无意中说错话便后悔的孩子的确很多。语言习惯一旦养成就很难改掉，因此，从小培养“想好以后再说”的习惯对孩子的表达能力来说非常重要。就是大人也经常犯这样的失误，有时不经过思考便脱口而出，说出来之后即刻后悔：“我说的不是这个意思……”

“嘿，老婆大人今天打扮得这么花里胡哨？”

妻子打扮得漂漂亮亮出现在结婚纪念日的晚宴上，不料丈夫竟然吐出这么一句话。听到这句话，妻子急忙环顾四周，唯恐有人听见。妻子羞愧得简直要流出眼泪来。

“我老公真不会说话。要说疼老婆他绝对是个暖男，可说话总是这么别扭。”

其实丈夫是想称赞妻子与平时不同的装扮和漂亮的相貌，可吐出来的话不是“今天真漂亮”，而是“打扮得花里胡哨”。语言习惯一旦固化，就很难改变。

语言是思想的外衣。围绕着婴儿期幼儿发展阶段是“认知先于语言”还是“语言先于认知”的问题，学者们争论不休。有些学者认为只有认知发达才能学会说话，而有的学者主张会说话的孩子一般都是认知发达的孩子。从某种意义上来说，这是一种类似于“鸡在先还是蛋在先”的争论。事实上，随着我们的成长，我们变得足够熟练地表达出自己的思想，而不需要经过什么特别的思考。

可对小学低年级学生来说，把自己的想法条理分明地说出来并不是一件容易的事情。于是，他们说话往往不假思索脱口而出。当然也有经过再三思考后说话的孩子，这样的孩子被人们看成是“深思熟虑”的孩子。“脱口而出”还是“深思熟虑”，其判断标准就是“说话习惯”。尽管心地很善良，可如果不改变随意说话的语言习惯，在别人的眼里就是一个“不会思考的孩子”“随便说话的孩子”。

小雅也是这样一个孩子。虽然她是个很不错的孩子，可在有些场合下容易说出与自己的心意相反的语言，从而伤害朋友的心。只有说话时考虑再三的孩子才能成为“真的很不错的孩子”“深思熟虑的孩子”，也只有这样的孩子才不会伤害朋友，深得朋友的信赖，不会因自己不经意间说的一句话而受到不利的影响。

父母指南

因不假思索脱口而出的一句话而产生误会和伤害，这样的事情只发生在孩子身上吗？有这样一个例子。小雅妈妈是个容貌靓丽，脸上没有一丝皱纹的女子，因此周边的同事朋友都十分羡慕她。可有一天，丈夫望着小雅妈妈的额头说：

“你这个凸出的奔儿头真想敲一下。”

听到这话，小雅妈妈心里十分不快。可丈夫不仅没有想到自己的这句话会使妻子心生不快，反而觉得这种表达方式更坦率、更幽默。原来小雅的爸爸只是不好意思说“你的额头真美”而已。

又有一天，小雅爸爸看见小雅妈妈的皮肤格外光亮，就说“好像刚从油锅里捞出来一样光亮”。这句话实际上也是夸赞妈妈皮肤好看的意思。小雅妈妈忍无可忍向丈夫说：“你到底会不会说话？我一直在试图往好的方向理解你的话，可你说话越来越离谱，就像不分场合调皮捣蛋的孩子。”

“我那是夸赞你皮肤好的意思。没听过‘油光锃亮’这句话吗？这是现在最时髦的一句流行语呢。”

丈夫说的是妻子的皮肤光亮细嫩的意思，可在妻子的耳朵里，丈夫的那句话显得格外刺耳。仔细听别人的话，都有一定的道理，小雅爸爸说的实际上也是夸赞妻子的话，可对方听了以后心里不舒服，而且大多数人也觉得听起来有些刺耳。那么，这样的话、这样的夸赞，能说是好话，是适当的赞美吗？

我们还要培养孩子的“听力”。“听力”是通过与父母的对话得以发达的。向孩子举一些现实中有关“说话”的例子，让他们感受一下语言的重要性。

优先考虑对方的感受

“说话之前先思考一下你想表达的意图。‘想好了再说’可以避免不必要的误会。跟朋友说话准确传达你的意图固然重要，可还要考虑如何说话才能让对方感到更舒服。当你穿着新鞋出现在朋友面前的时候，你希望朋友怎么跟你说话？是‘你又买鞋了？你真有钱’，还是‘嗯，你那双新鞋真的很漂亮’？”

孩子的语言技巧

1.说话之前先想清楚自己想表达的是什么

好好想想有没有更让人舒服的话来代替“你又买鞋了？你真有钱”？

①如果想表达朋友的鞋漂亮

“你的鞋真漂亮。”

②想表达对朋友新鞋的关注

“你又买鞋了？”（×）

“这次买的鞋比上次的还要漂亮。”（√）

③想知道是朋友用零花钱买的，还是父母给她买的

“你真有钱。”（×）

“是你用自己的零花钱买的，还是你父母给你买的？”（√）

2.说话之前好好想想说什么话才能让对方高兴

看到朋友穿一双新鞋的时候

A：“哇，好漂亮的鞋呀！”“嗯，确实很漂亮。”

B：“看来你真有钱！”“你又买新鞋啦？”

看看哪句话更好听呢？自己分析哪句话更让人舒心，然后挑选让人舒心的话说给朋友听。学会挑选好听的话、让人舒心的话，你也就学会了什么是“饱含真情的暖心话”。

06

需要表达自己心愿时的说话技巧

小娥因为生日晚，因此比同龄孩子身材矮小，还爱害羞，可同朋友们一起玩耍的时候却比任何孩子都活泼积极。小娥从四岁开始上“小孩之家”与小朋友一起玩耍。也许长期跟小朋友生活的原因，在上“小孩之家”的几年里，她从来没有因不愿意上“小孩之家”而跟妈妈斗过气。可后来上了幼儿园后，小娥开始不愿意上幼儿园，从而经常跟妈妈斗气。小娥妈妈一开始还以为这只是孩子适应新环境的一个过程，可孩子不满情绪越来越严重，跟妈妈斗气已经成了日常。

“你到底为什么不想上幼儿园？”

“不去不去，就是不去幼儿园！呜呜……”

也不说具体理由，只是一个劲地说不想去，妈妈也十分无奈、郁闷。妈妈忽然想起不久前在幼儿园里有个小朋友过生日时大家照相的情景。当时不知为什么，小娥一肚子不满，嘴里嘟囔个没完。看到女儿伤心的样子，妈妈心平气和地问道：“小娥，幼儿园小朋友过生日的时候，现在还跟过去一样拍照留影吗？”

“嗯，按过生日的小朋友指定的顺序一个一个拍照。”

“小娥也拍了不少吧？”

“我上回不是说过嘛，我在班里是不受欢迎的孩子，朋友们都不愿意跟我照相。”

“那你现在不想去幼儿园就是因为生日拍照的问题？”

“我也不知道。每次拍照的时候，我想第一个跟过生日的小朋友照相，可她们都喜欢跟小慧照相。我在班里不受欢迎，上幼儿园一点儿没意思。”

听到小娥的话，妈妈心里一怔。她简直不敢相信七岁孩子竟然说出“不受欢迎”这样的话。妈妈心里十分难过。

“居然自己说自己不受欢迎……女儿心里该多么难过呀？”

小娥说的小慧是个头高、性格也开朗，组织能力强，还能体贴别人的孩子，是妈妈们也经常挂在嘴边的孩子。

在幼儿园里的小朋友与过生日的小朋友一起照相，因为孩子多，除了合影以外，只能按顺序一个一个照相。可小娥就是想要过生日的朋友第一个点自己的名照相。小娥想要的是第一个或第二个，可事情却没有按照小娥的想法进行下去，于是小娥便认为自己在班里已经成了“不受欢迎的孩子”。小娥不愿意上幼儿园，原因就在这里。

看到满脸不高兴的孩子，妈妈又心疼又生气，随口说了一句：

“那你怎么没跟她说咱俩先照呢？先照后照有那么重要吗？先跟谁照都是按照过生日的孩子的心情来，跟是不是受欢迎有什么关系？听老师讲，每个孩子都要照一张。就因为这点儿事不想去幼儿园，这算什么理由呀？”

妈妈虽然嘴上这么说，可心里却比女儿更难受。希望自己的孩子在幼儿园里能跟所有的朋友都和睦相处，受到朋友们的欢迎，成为最有人气的孩子，这也是所有妈妈的期望。可现在还不是小学生仅仅是幼儿园娃娃的女儿亲口说自己是个人气度差不受欢迎的孩子，妈妈的心情实在是很复杂。

父母指南

孩子不愿意上幼儿园或学校，父母自然会慌张。越是慌张，父母的嘴里越容易蹦出“不管怎么样，幼儿园得去呀！”“学校是想去就去不想去就不去的地方吗？”这样的话。如果是理智的父母，在用这种方式逼迫孩子之前，先了解孩子不愿意上幼儿园或学校的原因。

很多情况下，妈妈们都认为孩子还不会表达自己的想法，殊不知在与父母的对话中孩子不经意间一语带过的话里隐藏着孩子的心声。好在小娥的妈妈平时注意倾听孩子说的话，所以能够及时发现小娥心里难过的原因就是过生日的朋友不愿意第一个跟她照相。知道孩子难过的原因容易，可化解孩子心中的疙瘩却是一件不容易的事情。

化解孩子心中疙瘩的钥匙就在孩子身上。父母不要以自己的标准做解释，要主动询问孩子所说的“人气”到底是什么，他们为什么会认为自己是“人气度差的孩子”。也许孩子们的回答与父母的想法大相径庭。他们的想法也有可能很简单，就是“想第一个照相”，或者只因“羡慕第一个被选中的小慧”。

“小娥，妈妈问你什么叫人气？”

这个问题是想知道孩子们所说的“人气”到底是什么。

“孩子们喜欢谁，谁就是人气高的孩子。”

然后再跟孩子打听小娥嘴里的那个小慧的情况。

“哦，看来朋友们都喜欢小慧呀。小慧到底是什么样的朋友呀？”

“嗯，小慧是个头高，画画也好，也很会说话的孩子。”

“哦，原来是这样。小慧是个头高画画也好还很会说话的孩子。”

父母要在孩子的回答中寻找关键词并附和孩子对号入座，心平气和地与孩子进行交谈。越是敏感的话题越要用轻松的心情或表情与孩子推心置腹地交谈。这样的交谈会让孩子慢慢放松，心中的疙瘩不知不觉之间被化解，孩子可以自然而然地解决自己的问题，而不需要妈妈刻意去教。

“如果过生日的那个朋友跟我的小娥第一个照相那就再好不过，可她也可以先叫别的朋友照相呀。这个时候小娥可不可以事先跟她约好呢？”

我们可以给孩子一个独立思考的机会，尽量让孩子自己寻找解决问题的方法。

“XX呀，照相的时候跟我第一个照好不好？”

对朋友这样说话既亲切又温柔，朋友也许遵从孩子的意见。所以父母有必要平时多跟孩子练习语言技巧。

“看来朋友们讨厌我”，“我的人气度为什么这样差呢”，与其让孩子如此意气消沉，不如给孩子找一个解决问题的方法：“我该如何跟朋友们说我的心愿呢？”“我怎么说话才能让朋友们愿意跟我照相呢？”

还有，我们要告诉孩子，由于每个人的趣味和想法不一样，所以即使是自己喜欢的人，或者喜欢一起做事的人也有他们不同的想法。重要的是提醒孩子不要因为事与愿违或未能第一个照相而贬低自己，不能让孩子心里产生“我是个不受欢迎的孩子”的想法。

孩子的语言技巧

①想跟朋友一起照相的时候

“××，你生日聚会那天，我很想跟你一起照相留影，能不能第一个跟我照相？我想用这种方式祝贺你的生日。”

②朋友想先跟别的朋友照相的时候

朋友：我想先跟XX照相。

我：那能不能把我排在第二个？跟那个朋友照完以后咱俩一起照吧！我很喜欢你。

③被朋友拒绝一起照相的时候

朋友：不要，我不想跟你第一个照相。

我：是吗？我明白了。可我很想跟你第一个照相。祝你生日快乐！

<TIP>一定要告诉孩子

“你有事可以请求他人，但要记住的是，对方不一定会接受你的请求。”

“对方可以拒绝你的请求，但这并不意味着对方看不起你。”